어른들을 위한 일러스트 페어리테일

스물두가지의 하루

글, 그림. 사우스랜드　/　자문. Carlyn

어른들을 위한 일러스트 페어리테일

스물두 가지의 하루

카드덱을 풀어놓으며…

사우스랜드

4년 전, 카페에 앉아 그림을 그리던 제 옆에 누군가가 커다란 카드덱을 펼쳐 놓으며 통화를 하기 시작했습니다. 그게 제가 타로카드의 실물을 처음 본 순간일 겁니다. 궁금하지 않아도 제 귓속에 들어오는 상담 내용에 저는 마뜩찮은 표정을 짓고 있었죠. 아마 그 시기의 저에게 누군가가 '4년 뒤에는 네가 새로운 타로카드를 만들고 있을 거야'라고 말해줬다면 살짝 웃어넘겼을 겁니다. 그만큼 저에게는 타로카드라는 것이 완전히 다른 세상의 영역이었습니다. 제 인생과 타로카드의 교집합이 있을 거라곤 생각도 못 했었죠.

그리고 몇 년 뒤에 제가 다니고 있던 회사에서 진행하는 한 프로젝트를 통해 다시 타로카드와 만나게 됐습니다. 본격적으로 궤도에 오르지 못하고 테스트 단계에서 중단되었지만 그 프로젝트를 통해서 지금 이 책의 제작팀들을 만날 수 있었습니다. 그 시기에 만난 칼린 연구소장님을 통해 타로카드에 대한 저의 여러 편견들을 바꾸게 되었고 타로 상담에 대한 몰랐던 부분도 알게 되었습니다. 타로카드에 대해서 조금씩 공부해 보기 시작했고 프로젝트가 중단됐을 때는 크게 아쉬웠어요. 프로젝트 중단에 아쉬움을 느꼈다는 것만 해도 타로카드에 관심이 없었던 저로서는 큰 변화라고 할 수 있었습니다.

타로카드에 대해서 스스로 공부를 해보면서 느꼈던 부분은, 카드 한 장 한 장이 마치 문학작품과도 같다는 것이었습니다. 상징으로 가득 찬 이미지에 처음에는 갸우뚱하지만, 하나하나 읽어가다 보면 나름의 스토리가 있습니다. 이걸 읽어나가는 시점에서 타로카드의 재미가 느껴지기 시작했습니다. 새로운 타로카드를 제작한다는 것은 기존의 타로카드의 스토리에 저만의 색깔을 덧입히는 작업이라고 할 수 있는데, 이는 타로카드로 상담하는 것과 비슷한 과정이라고 생각했습니다. 리딩과 해석 그리고 각색을 하는 과정이죠.

퇴사 후, 칼린 소장님 포함 현 제작팀에게 다시 이 일러스트와 책의 제작을 제안 받았다는 것은, 저에게도 타로카드를 분석하는 감이 조금은 있었고 그게 팀원들에게 전달된 것이 아닐까 생각합니다.

이 책에 수록된 메이저 아르카나 22장의 디자인과 이야기는 최소한의 검수와 나름 자유로운 여건 속에서 저의 스타일과 의도를 펼쳐서 만들었습니다. 작업을 하면서 점점 더 타로카드에 대해 공부를 하게 되었고 저의 감과 해석 방향에 팀원들이 많은 지지를 주셔서 수월한 작업을 할 수 있었습니다. 처음 칼린 타로 연구소에 모여서 회의를 할 때, 그저 점술의 영역이 아닌 위로와 치유의 도구가 될 수 있었으면 좋겠다고 말했던 그 콘셉트

를 잊지 않고 끝까지 진행하는 것에 노력을 기울였습니다. 도시보다는 자연의 풍경, 그리고 내 주위에 있는 정령들의 존재 등 새로운 타로 책의 콘셉트를 처음 생각했을 때 흥분감이 아직도 떠오릅니다.

타로카드를 공부하면서, 수백 년 전 만들어진 카드가 이야기하는 것이 현대 사회를 그대로 풍자하고 있는 것 같은 부분들도 참 인상적이었어요. 사람들의 삶은 시대가 지나도 공통된 부분이 많다는 것이겠죠. 타로카드는 우리 삶을 반추해 볼 수 있는 거울과도 같다는 생각이 들었습니다. 모든 이미지에 공통적으로 넣고 싶었던 것은 변수였습니다. 사람들의 수많은 삶을 모두 일러스트에 담기는 어렵기 때문에, 그 이미지 안에서 자신의 삶과 위로의 방향을 찾아갈 수 있도록 상징물들에 여러 해석이 가능하도록 묘사했습니다.

제가 일러스트 디자인을 하면서 의도했던 것들은 각 파트의 동화 속에 조금씩 풀어 넣었습니다. 성인들을 위한 동화 느낌으로 문체도 그에 맞춰서 구성했습니다. 22개의 동화에는 하루라는 이름을 가진 각각 다른 인물이 등장합니다. 하지만 읽는 사람에 따라서는 같은 인물의 변천사라고 생각할 수도 있겠죠. 일러스트를 디자인하며 중점을 두었던 '변수'라는 요소도 이야기에 녹아들 수 있도록 노력했습니다. 그림만을 그려왔던 사람으로서, 글까지 작성하는 것은 처음이기에 부담도 됐지만 하루의 이야기에 몰입하며 즐겁게 작업하였습니다.

이제는 4년 전, 그 카페에 앉아 그동안 '스물두 가지의 하루' 작업을 어떤 마음으로 했는지 되새겨보는 작가노트를 적고 있습니다. 이제까지 작업했던 그림들이 저장된 핸드폰을 보니 마치 두툼한 카드덱같이 느껴집니다. 제 카드덱을 펼치며 그림을 한 장 한 장 보면서 작업했던 시간들을 생각했습니다. 0번 바보 카드처럼 무모하게 도전했지만, 21번 세계 카드까지의 여정을 완성했습니다. '스물두 가지의 하루'은 저에겐 21번 'The World'이면서 동시에 0번 'The Fool'이기도 합니다.

하루의 여정처럼 저 역시도 곳곳에서 저를 지켜보는 정령들의 도움을 받은 것 같은 기분입니다. 작게나마 완성된 작품을 세상에 선보일 수 있음이 감격스럽습니다. 이 책을 봐주시는 모든 분들이 저에게는 정령과 같습니다. 그리고 저 역시도 여러분의 정령이 되고 싶습니다. 22개의 하루 이야기에서 여러분의 이야기를 찾을 수 있었으면 좋겠습니다.

INDEX
THE FAIRY TAROT BOOK

HARU'S TWENTY TWO STORIES

0.	THE FOOL	12
I.	THE MAGICIAN	16
II.	THE HIGH PRIESTESS	20
III.	THE EMPRESS	24
IV.	THE EMPEROR	28
V.	THE HIEROPHANT	32
VI.	THE LOVERS	38
VII.	THE CHARIOT	44
VIII.	STRENGTH	48
IX.	THE HERMIT	52
X.	WHEEL OF FORTUNE	56
XI.	JUSTICE	60
XII.	THE HANGED MAN	66
XIII.	DEATH	72
XIV.	TEMPERANCE	78
XV.	THE DEVIL	84
XVI.	THE TOWER	88
XVII.	THE STAR	94
XVIII.	THE MOON	100
XIX.	THE SUN	104
XX.	JUDGEMENT	108
XXI.	THE WORLD	112

CARLYN'S DESCRIPTION OF TWENTY TWO CARDS

0.	THE FOOL	118
I.	THE MAGICIAN	119
II.	THE HIGH PRIESTESS	120
III.	THE EMPRESS	121
IV.	THE EMPEROR	122
V.	THE HIEROPHANT	123
VI.	THE LOVERS	124
VII.	THE CHARIOT	125
VIII.	STRENGTH	126
IX.	THE HERMIT	127
X.	WHEEL OF FORTUNE	128
XI.	JUSTICE	129
XII.	THE HANGED MAN	130
XIII.	DEATH	131
XIV.	TEMPERANCE	132
XV.	THE DEVIL	133
XVI.	THE TOWER	134
XVII.	THE STAR	135
XVIII.	THE MOON	136
XIX.	THE SUN	137
XX.	JUDGEMENT	138
XXI.	THE WORLD	139

APPENDIX – ROUGH SKETCH

**HARU'S
TWENTY TWO STORIES**

0. THE FOOL

시작 | 여행 | 해외 | 결혼 | 변덕 | 환기 | 무계획 | 순수

오랜 세월에
투명도가 반쯤 떨어져 보이는 창문이
연신 덜그럭거리고 있었습니다.

　포장이 벗겨진 흙길에 버스가 들어섰기 때문입니다. 사실 이 버스의 승차감은 포장도로든 아니든 상관없이 거칠었습니다. 버스 창문은 안 깨지는 게 신기할 정도로 큰 소리를 내며 흔들렸습니다.

　버스 뒷좌석에 앉아있던 하루의 이마에 땀이 송골송골 맺혔습니다. 에어컨 바람은 기대도 안 했지만, 무더운 날씨에 하루는 창문을 열어 바깥바람이라도 맞고 싶었습니다. 하지만 창문 손잡이는 왜인지 모두 떨어져 나가 있었습니다.

　40분 째 찜통 같은 버스를 타고 있는 하루.

　목적지에 언제 도착할지는 예상하기도 힘들었지만, 하루는 그저 이 버스를 탄 것만으로도 안도하고 있었습니다. 40분 전, 버스 정류장에서 두 시간째 버스를 기다리고 있을 때에는 이 버스가 정말 운행은 하는 건지 슬슬 의문이 들었기 때문입니다.

　하루는 덜그럭거리는 창문에 손바닥을 펴서 밀착시켰습니다. 그러자 시끄러웠던 소리가 잠시나마 조용해졌습니다. 손바닥 너머 바깥 풍경은 더운 날씨와는 다르게 바다가 생각나는 시원한 파란색이었습니다. 버스가 멈추고 버스 안에 남아있던 할머니 승객 한 명이 내렸습니다. 잠깐 뒷문이 열리자 상쾌한 시골 바람이 살짝 느껴졌습니다. 오랫동안 도시에서만 살아왔던 하루에게 잠깐 느껴진 시골 내음이 마음을 흔들었습니다.

　2주일 전, 하루는 여행 계획을 세우고 있었습니다. 여행이라고 하기엔 2박 3일의 짤막한 해외 구경이지만 그동안 회사에서 쌓였던 스트레스를 풀 생각에

0. THE FOOL

　큰 기대를 하고 있었습니다. 여행을 가면 마치 잃어버린 자아를 찾을 것만 같은 생각도 들 정도였습니다. 여행 준비를 하며 옷방 구석에 오랫동안 존재 자체를 잊고 있었던 빨간 캐리어 가방도 꺼냈습니다. 캐리어 가방 위에 뽀얗게 내려앉아있는 먼지들을 닦으며 가방을 열어보았습니다. 그러자 캐리어 안에는 또 다른 가방들이 쏟아져 나왔습니다. 이사하면서 작은 가방들을 안에다 넣어놓았는데 쭉 잊고 있던 것이었습니다.

　그중에서도 하루의 눈에 띈 것은 학창시절 사용하던 작은 에나멜 가방이었습니다. 오랜 세월에 모서리부터 부식되고 있었던 가방 안에는 어린 시절 하루의 관심사들이 그대로 들어가 있었습니다. 가방 가장 안쪽에는 색연필과 공책 그리고 잡지에서 오려낸 기사가 있었습니다. 그 종이를 보자 하루의 심장이 요동치기 시작했습니다.

　잡지 속 사진들은 마치 동화 속에 나오는 세상처럼 아름다운 숲의 모습을 담고 있었습니다. 그것은 그 지역에서 하고 있는 견학 프로그램의 홍보였습니다. 어릴 적, 동화와 만화에 심취해 있던 하루에게 그 숲의 모습은 요정이 나올 것 같은 환상의 세상이었습니다. 그 숲에 가면 뜻밖의 모험이 기다리고 있을 것만 같았습니다. 모험의 목적지는 모르지만 그 모험 자체가 하루에게는 꿈이었습니다. 잠깐 동안 동화를 좋아했던 소녀 시절로 돌아간 하루는 잠시 고민을 했습니다. 그러곤 함께 해외여행을 가기로 했던 언니를 깨웠습니다. 잠에서 깨어나 비몽사몽간에 하루의 이야기를 들은 언니는 믿을 수가 없다는 표정을 지으며 되물었습니다.

　"그러니까 네 말은… 비행기 표 다 취소하고 지금은 위치도 잘 모르는 10년 전 아이들 견학 프로그램 장소나 가겠다고?"

　드디어 시골버스는 하루를 목적지에 데려다주었습니다. 정류장에 내린 하루는 잠깐이지만 원더랜드로 향하는 토끼를 본 것 같았습니다. 정류장 맞은편, 숲 입구에는 반가운 냉기가 솔솔 불어오고 있었습니다. 인적이 드문 곳이라 그런

지 숲길은 더 울창해 보였습니다. 수풀로 우거진 어두컴컴한 숲은 동화처럼 마냥 낭만적이진 않았습니다. 하루는 다시 한 번 잡지 속 멋진 나무와 동굴의 모습을 떠올렸습니다. 그리고 동화 속 주인공이 된 하루는 미지의 세계로 한 걸음 내디뎠습니다.

I. THE MAGICIAN

타고난 능력 | 임기응변술 | 능력자 | 가벼움 | 사기꾼 | 바람둥이 기질 | 말만 번지르르

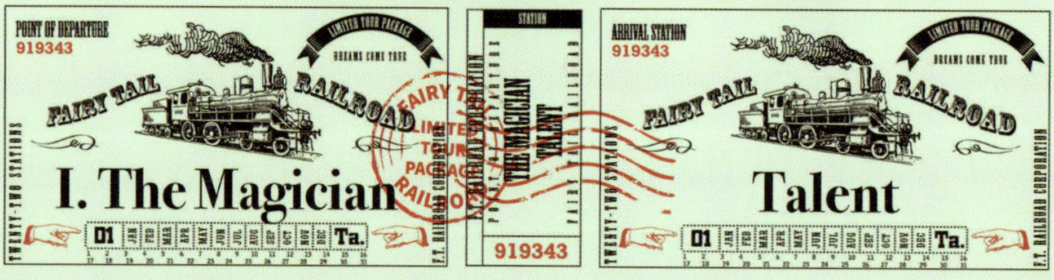

하루는 급하게 책꽂이를 당겨서 뒤쪽의 벽을 살펴봤습니다.

일기장을 꽂아 넣던 순간에 분명 하루는 쥐를 보았기 때문입니다. 불안한 표정으로 벽 이곳저곳을 살펴봤지만 쥐는 없었고 쥐가 도망갈 구멍도 없었습니다. 하루가 지금보다 더 어렸을 때 낡은 시골집이었던 이 집에 종종 쥐가 나타나긴 했지만 새롭게 공사를 한 뒤 쥐를 본 것은 처음이었습니다.

"하루야!!"

옆집에 사는 선미가 창밖에서 하루를 부르며 흥분된 표정을 하고 있었습니다. 그 표정이 의미하는 것을 하루는 바로 알아차릴 수 있었습니다.

'드디어!!'

하루와 선미는 마을에서 가장 산에 가까운 집으로 이동했습니다. 그러곤 큰 나무 뒤에 숨어서 한 가족이 그 집의 대문을 열고 들어가는 것을 지켜봤습니다. 중년부부와 고등학생 정도의 딸로 구성된 가족이었습니다. 하루의 시선은 고등학생 딸에게 집중되어 있었고 고등학생의 손에는 크고 네모난 가방이 있었습니다. 하루는 그 가방을 보자 더 큰 흥분감을 느꼈습니다.

"언니가 들고 있는 가방 봤어? 거기엔 어떤 신기한 것들이 들어있을까?"

마을에서 가장 산과 가까운 집. 그 집에는 할머니 한 분이 살고 계셨습니다. 그리고 방학이 되면 서울에 있는 할머니의 자식들이 이 집으로 모이곤 했습니다. 서울에서 사람들이 오면 마을 아이들은 신기하게 그 광경을 바라봤습니다. 하루는 그 언니를 처음 본 순간을 아직도 기억하고 있습니다. 뽀얀 얼굴에 이쁜 드레스를 입고 있던 언니의 모습. 하루보다 언니는 다섯 살이나 많았기에 키도 크고 멋져 보였습니다. 그 모습을 넋 놓고 바라보던 하루와 친구들에게 언니는 먼저 다가왔습니다.

I. THE MAGICIAN

　언니가 가지고 온 물건들은 하루에겐 신기한 것들 투성이었습니다. 하루는 언니가 그저 글을 쓰고 있는 모습에서도 자신과는 다름을 느꼈습니다. 언니가 사용하는 만년필이라는 물건을 처음 봤을 뿐만 아니라 이후에 그걸 사려고 해도 시골 어느 곳에서도 구할 수가 없었기에 언니와 언니가 살고 있는 곳에 대한 신비감이 더욱 커졌습니다.

　언니는 늘 재미있는 이야기도 해줬습니다. 하루와 친구들이 살고 있는 시골과는 다른 도시의 번잡함이 느껴지는 많은 이야기들… 하루는 이제까지 살아오면서 자신이 경험했던 것보다도 언니의 이야기를 들으면서 더 다양한 경험을 하는 것 같았습니다.

　하루는 언니가 다른 친구들보다 자신에게 더 많은 물건들을 보여주고 이야기도 해주는 것 같다고 느꼈습니다. 언니가 하루를 더 각별하게 챙겼던 이유는 언니의 이름도 '하루'인 것 때문이 아닐까 생각했습니다. 첫 만남 이후로 하루와 친구들은 하루 언니와 만날 시간을 늘 기다렸습니다. 이번 방학에는 어떤 이야기를 들려줄까, 어떤 물건들을 보여줄까 기대되는 나날이었습니다.

　하지만 요 몇 년간 하루는 하루 언니와 대화를 하기 어려웠습니다. 하루 언니가 중학생이 되고 고등학생이 되면서 왠지 말을 건네기 어려워졌기 때문입니다. 그리고 할머니 집에서 하루 언니가 잘 안 나오기도 했습니다. 한번 인사하기 어려워지니 그다음부터는 하루의 마음속에 벽이 세워지는 것 같았습니다. 오랫동안 기다렸던 방학인데 하루 언니와 한마디도 못 하고 지나가버리면 방학이 몽땅 물 속으로 가라앉는 기분이었습니다.

　하루 언니의 큰 가방을 보니 하루는 흥분감과 함께 침울한 느낌도 들었습니다.
　'이번엔 언니와 이야기 할 수 있을까?'
　어느 날 하루는 언니가 장미 넝쿨 아치 안에 있는 걸 봤습니다. 그냥 지나칠까 고민을 하다가 용기를 내어 하루 언니가 있는 곳으로 들어갔습니다. 그러자 하루 언니는 예전처럼 반갑게 하루를 맞이해 줬습니다. 언니 앞에는 하루가 궁금해했던 큰 가방이 열려있었습니다. 하루는 그 가방을 보고 예전에 언니가 이야기해 주었던 '오즈의 마법사'에서 오즈가 들고 다니는 가방 같다는 생각을 했습니다. 하루는 반가운 마음에 언니 앞으로 달려가 가방 속을 들여다봤습니다. 하지만 이제 하루도 예전 같은 꼬마가 아니어서 그런지 가방 안의 물건들이 이전처럼 신기하게만 느껴지진 않았습니다. 게다가 대부분은 하루도 쓰고 있는 물건이기도 했습니다. 그래도 하루는 언니와 다시 대화를 하고 있다는 사실만으로 그저 기뻤습니다.

"하루야. 내가 얼마 전에 친구들을 발견했어. 너에게만 보여줄게."

하루 언니가 갑자기 가방 안쪽을 들어서 숨겨진 공간을 보여줬습니다. 네모난 모양이었던 가방이 한순간에 복층 집과 같은 멋진 모양으로 변했습니다. 그리고 그 안에는…… 파란색 동물이 테이블에 앉아 차를 마시며 하루에게 손을 흔들고 있었습니다. 그건 마치… 며칠 전 하루가 방 안에서 봤던 그 쥐와 같았습니다. 하루 언니와의 이제까지 순간들은 모두 마법 같은 시간이었지만 이번처럼 놀라운 적은 없었습니다.

"이건…언니가 키우고 있는 아이들이에요?"

하루의 질문을 받은 하루는 웃으며 대답했습니다.

"아니… 이 친구들은 모두 할머니 집에서 쭉 살고 있던 요정들이야. 내가 살고 있는 서울에는 없어. 내가 왜 할머니 집에 오면 밖으로 안 나갔는지 알겠니? 난 이 신비한 친구들과 이제 대화도 할 수 있게 됐거든."

하루는 자신의 집에서 잠깐 만났던 그 쥐를 생각했습니다. 멍한 표정의 하루를 보며 언니는 웃었습니다.

"우리는 앞으로 새로운 계획을 세울 거야. 정말 마법 같은 계획…

II. THE HIGH PRIESTESS

통찰 | 직관력 | 신념 | 흑백논리 | 모순 | 미련 | 숨은 장벽

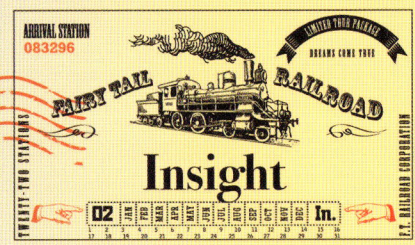

"이번에도 하루가 전교 1등이구나."

　자신의 성적표를 조심스럽게 가방 안에 넣으며 지연이 말했습니다. 지연의 말에는 경탄과 약간의 질투가 섞여있었습니다. 그 말을 들은 하루는 별 반응 없이 평소처럼 감정을 알 수 없는 표정만 짓고 있을 뿐이었습니다. 지연은 그런 하루의 얼굴을 자세히 뜯어봤습니다.

　가늘면서도 끝이 살짝 올라간 눈매는 하루의 지적인 면모를 그대로 느낄 수 있었고 살짝 튀어나온 짱구 이마에서 곡선으로 이어지는 콧대는 여성스러움을 한껏 풍겼습니다. 그리고 힘주어 다문 얇은 입술은 하루의 조용한 평소 성격과 분위기를 보여주는 듯했습니다. 하루의 외모는 화려하진 않아도 모든 사람이 매력을 느낄 수 있는 단아한 아름다움이 있었습니다.

　"지연아. 이번 주말에 우리집에 올래?"

　하루의 얼굴을 뚫어져라 쳐다보던 지연은 하루의 조용한 음성에 화들짝 놀랐지만 내색하지 않았습니다. 하루의 목소리에는 고등학생답지 않은 성숙한 분위기와 카리스마가 있었습니다. 게다가 성적까지 늘 최상위권이니 학교에서는 친구들뿐만 아니라 선생님들마저도 하루를 대할 때 존중과 긴장이 혼재했습니다. 지연도 하루를 처음 만났을 때 한동안은 다가가기 어려웠습니다. 하지만 지금은 2년을 함께 보낸 절친한 친구가 되었습니다. 그런 지연이 하루의 질문에 화들짝 놀란 것은 그저 얼굴을 훔쳐보던 것을 들켜서만은 아니었습니다. 하루가 자신의 집에 초대하는 것은 상상도 할 수 없었던 일이었기 때문입니다.

　예전에 한 번 하루의 집에 가도 되겠냐고 묻는 지연에게 하루는 단호하게 안 된다는 대답을 했습니다. 그때 처음으로 지연은 하루가 이모의 집에 살고 있고 본가는 다른 지역에 있다는 걸 알았습니다. 그리고 이모는 하루가 친구를 집에

II. THE HIGH PRIESTESS

데리고 오는 걸 별로 좋아하지 않는다는 것도 알게 되었습니다. 지연은 친구로서 하루와 더 가까운 사이가 되고 싶었지만 이날 이후로 좀 더 다가가기 어려움을 느끼게 됐습니다. 그런데 이번엔 하루가 어린 시절을 보낸 진짜 집을 갈수 있게 된 것입니다. 지연은 묘한 기대감이 느껴졌습니다.

'하루의 고향은 어떤 곳일까?..'

주말이 되어 도착한 하루의 집은 지연의 생각과는 달리 멀리 떨어진 시골 농가였습니다. 얼핏 차가움마저 느껴지는 도시적인 이미지의 하루가 이렇게 고즈넉한 농가에서 자랐다니… 지연은 새롭게 알게 된 사실에 놀라울 뿐이었습니다. 울퉁불퉁한 돌담, 아기자기한 장독대, 마당에 가득한 여러 수확물들… 그리고 전날에 내린 눈이 살짝 녹아 풍기기 시작한 꼬릿꼬릿한 흙냄새까지 도시에서 자란 지연에게는 모두 낯선 모습들이었습니다. 어색해 하는 지연을 뒤로하고 하루는 익숙한 동작으로 마루에 걸터 앉았습니다. 하루의 뒤로는 집 안 가득한 책들이 보였습니다. 복잡하지만 정돈되어 보이는 풍경이 묘하게 하루와 어울린다는 생각이 들었습니다.

"네가 하루 새 친구구나. 하루는 거기서도 말괄량이니?"

지연은 하루 아버지의 질문에 뭐라고 대답해야 할지 몰랐습니다. 한 번도 하루를 말괄량이라는 단어와 연관 지어 생각해 본 적이 없기 때문이었습니다. 하루는 역시나 살짝 웃기만 할 뿐 별다른 반응이 없었습니다. 그리고 지연이 하루의 방에 들어갔을 때 아버지의 질문보다 더 당황스러움을 느꼈습니다. 방 안 가득히 누군지도 알 수 없는 록 밴드의 포스터… 책상에는 책 대신에 음반들로 빼곡했습니다. 가장 놀라웠던 것은 널찍한 거실 한자리를 차지하고 있는 드럼이었습니다. 그곳에 왜 드럼이 있는지 파악이 안 된 지연을 보고 하루가 이야기했습니다.

"내가 여기서 중학교 다닐 때까지는 밴드부에서 드럼을 쳤었거든. 난 악기 중에 드럼이 가장 좋아."

그러곤 갑자기 헤드폰을 쓰고 열정적인 드럼 연주를 보여줬습니다. 지연은 새롭게 알게 된 사실들이 당황스러웠지만 하루의 드럼 연주 모습을 보면서 그녀와 이제야 진짜 친구가 되었다는 생각이 들었습니다.

"하루야! 내가 본 네 모습 중에 제일 멋있어!"

노을이 길게 드리우는 시간. 하루와 지연은 마루에 앉아 저녁 풍경을 바라봤습니다. 반쪽 하늘은 불타오르듯 하고 나머지 반쪽은 별이 보일 정도로 진한 어두움이 채우고 있었습니다. 하늘이 만들어낸 강한 음영이 하루의 얼굴에 드리워졌습니다. 지연은 그 순간에 하루와 집의 모습을 사진에 담았습니다.

" 이 사진의 제목은 '고양이와 부엉이의 시간'이야."

III. THE EMPRESS

풍요 | 권위 | 카리스마 | 사치 | 화려함 | 이기적 | 모성애 | 바람

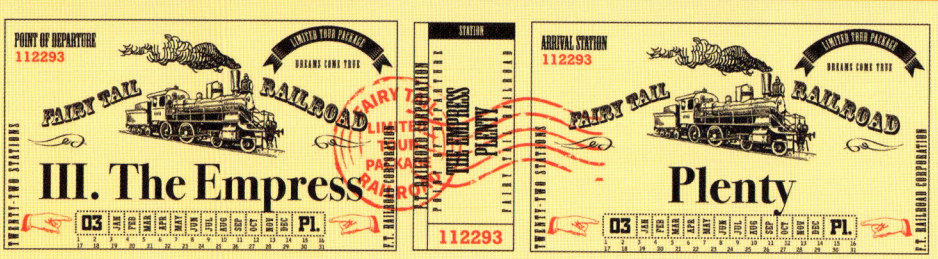

III. The Empress — Plenty

신혼여행에서 막 돌아온 하루가
남편과 함께 고향으로 향하고 있었습니다.

　남편과 함께 고향을 가는 것은 몇 년 전 결혼 허락을 구하기 위해 갔던 일 이후로 두 번째였습니다. 운전을 하고 있는 남편의 얼굴에는 긴장한 모습이 역력했습니다. 그 얼굴 표정을 보니 하루는 남편을 처음 만났던 날이 떠올랐습니다. 20대 초반의 나이에 비교적 일찍 사회에 나가서 직장의 대표급으로 올라간 하루는 협력업체의 대표였던 남편과 일로써 첫 만남을 가지게 되었습니다. 그때 남편은 하루의 당찬 모습을 보고 한눈에 반했다고 했습니다. 그때도 남편의 표정은 지금처럼 긴장으로 가득했습니다. 하루는 쉽게 긴장하는 남편이 귀엽게 느껴졌습니다.
　"우리 대장부! 하루 오셨네!"
　하루의 고향 마을에 도착하니 온 동네 어른들이 모여서 하루를 맞이해 주었습니다. 하루는 늘 그렇듯 당찬 모습으로 마을 사람들에게 인사를 했고 남편은 하루 뒤에 숨어서 살짝 고개를 까딱였습니다. 그러나 마을 사람들의 관심사는 하루의 남편이었고 질문 세례가 쏟아졌습니다. 식은땀 범벅인 남편은 어색하게 대답을 이어가면서 어서 이 시간이 끝나기만을 기다렸습니다. 하루는 그런 남편의 마음은 신경도 안 쓰는지 부모님과의 회포를 푸느라 바빴습니다.
　남편에게는 일 년 같았던 시간이 끝나고 잠깐의 평화가 찾아왔습니다. 하루의 부모님은 사위에게 수고했다는 말로 격려를 해주었습니다. 이곳에 도착한 지는 꽤 시간이 지났지만 이제야 남편의 눈에 멋진 자연 경관이 들어왔습니다. 커다란 강줄기와 병풍처럼 멋지게 펼쳐진 산들 그리고 노랗게 익어가는 곡식들이 더할 나위 없이 평화로운 광경이었습니다. 지난번에 왔을 때는 지금보다 더

III. THE EMPRESS

긴장했기에 이런 풍경들을 감상할 여유조차 없었으니 남편에게는 실로 오랜 시간이 지난 뒤에야 비로소 알게 된 하루 고향의 진짜 모습이었습니다. 눈앞의 웅장한 풍경을 보니 하루가 연애시절부터 말해줬던 고향 이야기가 더 실감 나게 느껴졌습니다. 여러 귀금속과 명품 옷으로 치장한 화려한 겉모습에 매일 타이트한 일정으로 바쁘게 일하는 모습의 하루를 보면 그 누구보다도 성공한 도시인 같았기에 그녀의 고향 이야기가 남편에게는 큰 반전으로 다가왔었습니다.

"동네 사람들이 하루의 남편이 어떤 사람인지 적잖이 궁금했나 보네. 저 아이가 어렸을 때부터 이 마을에서는 골목대장으로 유명했거든. 남자애 여자애 할 것 없이 얼마나 애들을 휘어잡고 다녔는지 … "

남편은 하루의 어린 시절 이야기를 들으니 왠지 하루답다는 생각이 들었습니다. 하루는 부모님의 갑작스러운 어린 시절 이야기에 약간은 부끄러워하는 듯했습니다. 그러나 부모님은 하루의 어린 시절 이야기를 이어갔습니다.

"언젠가는 밭일을 하는데 이 녀석이 안 보이길래 찾아봤더니… 세상에… 소 등에 올라타서 그대로 잠을 자고 있었다니까."

상상치도 못했던 이야기에 남편은 크게 웃었습니다. 하루는 기억 안 나는 일이라며 시치미를 떼고 있었지만 부모님의 이야기를 들으니 그때 생각이 났습니다. 소의 넓은 등을 보고 올라탔던 어린 시절의 하루… 소의 심장박동과 호흡소리에 마음이 편안해져 어느 순간 잠이 들었습니다. 꿈에서는 하루가 좋아하는 핑크색 소가 하루를 폭 안아주었습니다. 그 느낌이 너무 포근하고 아늑하여 소의 품으로 더 파고들어갔습니다. 그러곤 잠에서 깨었을 때 하루는 소가 아닌 어머니 품에 안겨있었습니다. 그때의 행복했던 감정은 하루에겐 절대 잊을 수 없는 일이었습니다. 이야기를 들으며 하루는 어머니의 손을 꼬옥 쥐었습니다.

긴장이 모두 풀린 남편과 하루는 마을을 둘러봤습니다. 동네 집집마다 나무에선 과일이 풍성하게 열렸고 논과 밭은 온갖 곡식들이 한가득 익어가고 있었

습니다. 저 멀리 산을 관통하는 기차에서 나오는 소리마저 평화롭게 들렸습니다. 하루는 어렸을 때 즐겨 올랐던 산으로 남편을 데리고 갔습니다.

"이 산을 보고 어른들은 소가 누워있는 형상이라고 했었어."

남편은 하루의 말을 들으니 산이 그런 모습 같다는 생각을 했습니다. 정말 큰 산이었지만 멀리서 나무그루 숫자를 셀 수 있을 정도로 듬성듬성 나있는 게 꼭 소의 등짝 같은 느낌이 들었습니다. 하루는 남편의 손을 잡고 산을 오르기 시작했습니다. 하루는 굽이 높은 부츠를 신고도 자기 세상을 만난 사람 마냥 능숙하게 산을 올랐습니다. 어느 정도 산을 오르니 햇살이 따뜻하게 비추는 공터가 나왔습니다. 땅에는 푸릇푸릇 한 잡초와 들꽃들이 가득했고 몇 그루의 소나무가 멋진 모습을 자랑하고 있었습니다. 높지는 않아도 마을의 전경이 한눈에 들어올 정도로 전망이 좋은 곳이었습니다.

하루는 배를 땅에 대고 감싸 안듯 엎드렸습니다. 그 순간 대지의 생명력이 하루에게 전달되는 것 같았습니다. 땅에서는 예전 소의 호흡과 심장박동 같은 소리가 들려왔습니다. 그 소리에 모든 신경을 집중하고 있던 하루는 어머니의 품속에 들어와 있는 것 같은 평화를 느꼈습니다.

IV. THE EMPEROR

의지 | 보수적 | 마이웨이 | 고집 | 자존심 | 책임감 | 냉정 | 조직적 사고

서울의 야경이 잘 내려다보이는 남산 둘레길. 성곽을 따라 하루가 걷고 있었습니다.

　단골집인 이태원 와인바에서 살짝 취기가 느껴질 정도로 마셨지만 그녀의 걸음에 흐트러짐은 전혀 없었습니다. 하루는 이 길을 걸으며 그날의 고민거리를 풀곤 했습니다. 늘 크고 작은 고민이 있는 하루였지만 이번 고민은 많은 생각을 하게 했습니다.

　얼마 전 회사의 부하직원과 카페에서 대화를 하던 하루. 그 직원은 진심으로 하루를 존경하며 자신의 롤모델로 생각하고 있다고 했습니다. 하루가 부하직원들에게 이런 이야기를 듣는 것은 한두 번이 아니었습니다. 누구보다 빠르고 완벽하게 많은 일을 수행하면서도 원칙을 고집하는 하루의 모습은 어린 사원들에게 동경의 대상이 될 수밖에 없었습니다. 게다가 절제된 몸동작과 차분한 음성 그리고 카리스마가 느껴지는 매서운 인상은 타인에게 적당한 거리감을 주면서 동시에 하루에 대한 환상을 심어주기도 했습니다.

　"그런데 팀장님은 가끔 외로워 보여요."

　부하직원의 그 이야기를 듣는 순간 전혀 움직임이 없던 하루의 얼굴에 미묘한 변화가 일어났습니다. 부하직원은 본능적으로 실수를 했다고 느끼곤 바로 사과를 했지만 하루는 괜찮다는 표정을 지었습니다. 평소라면 그냥 넘겼을 말에 하루는 친구들과 늘 하던 대화를 떠올리며 고민이 되기 시작했습니다.

IV. THE EMPEROR

　하루의 친구들은 하루가 사회생활을 마치 전쟁을 치르는 것처럼 한다고 이야기했습니다. 하루는 친구들의 그 말에 동의했습니다. 하루는 사회가 전쟁터 같다고 느꼈고 이곳에서 자신의 지위를 유지하려면 늘 전투적으로 임해야 한다고 생각했습니다. 사회라는 전쟁터에서 이룬 승리들이 하루에게는 그 어느 것보다 가치 있었습니다. 친구들은 하루에게 연애나 취미생활 따위의 이야기를 했지만 그런 것들로는 하루의 흥미를 이끌어내지 못했습니다. 하루는 현재 자신의 모습이 만족스러웠고 굳이 변화를 원하지 않았습니다. 그럴 때마다 친구들은 혼자서 모든 것을 헤쳐 나가려 하는 하루를 걱정했습니다. 30대 중반이 될 때까지 인생의 반을 홀로 살아온 하루는 친구들의 걱정이 이해되지 않았습니다. 그런 하루에게 '외로워 보인다'는 부하직원의 말은 뜻밖의 이야기였습니다.

　하루가 일이 아닌 본인에 대한 고민을 하며 둘레길을 걷는 것은 처음이었습니다. 어쩌면 하루는 부하직원의 말에 정곡을 찔린 것일 수도 있겠다는 생각이 들었습니다. 그리고 이제까지 자신의 삶을 합리화한 것은 아닐까 하는 생각을 했습니다. 하루는 자기 자신의 감정이 어떤 것인지도 제대로 알 수 없는 혼란한 상태였습니다. 그때 하루의 전화기가 울리기 시작했습니다. 경찰로부터 온 아버지의 사고 소식이었습니다. 갑작스러운 소식에 하루는 산책을 멈추어야 했습니다.

　서울에서 멀리 떨어진 장례식장에 하루 아버지의 빈소가 차려졌습니다. 하루는 아버지의 영정 사진을 멍하니 쳐다봤습니다. 하루와 아버지는 서로에게 유일한 혈육이었지만 연락이 끊긴 지는 3년이 넘어가고 있었습니다. 군 장교로 오래 복무했던 아버지는 가부장적이고 권위적인 사람이었습니다. 어릴 때부터 고압적인 아버지의 모습에 하루는 두려움을 많이 느꼈습니다. 하루의 어머니도 그런 아버지의 모습을 견디지 못해서 이혼을 요구하기도 했지만 그저 '가정을 지켜야 한다'라는 이유로 아버지는 끝까지 어머니를 놓아주지 않았습니다.

하루의 어머니가 지병을 얻어 사망했을 때 하루는 이 모든 게 아버지 탓이라고 생각했습니다. 아이러니하게도 하루의 어머니가 사망하자 아버지의 위세는 조금씩 약해지기 시작했습니다. 그럼에도 하루와 아버지의 가치관은 늘 충돌했고 하루는 일찌감치 본가를 나와 독립했습니다. 3년여 전에 하루와 아버지가 통화를 하며 크게 싸웠을 때 하루는 절연을 선언하며 전화를 끊었습니다. 그게 아버지와의 마지막 통화였습니다.

　가족이 없는 하루는 친구들과 동료의 도움을 받아 무사히 장례식을 마쳤습니다. 장례식 동안 생각보다 많은 조문객이 왔습니다. 하루의 직장동료도 많았지만 대다수의 조문객을 통해 아버지가 그동안 쌓아온 사회적 입지도 꽤 컸다는 걸 알 수 있었습니다. 가정과 사회적 지위… 본인이 이룬 걸 지키기 위해 전쟁처럼 살아온 아버지였습니다. 하지만 결과적으로 둘 중에 하나는 지킬 수 없었습니다.

　하루는 아버지가 홀로 살고 있던 집에 찾아갔습니다. 인적 드문 교외 지역에 있는 한옥이었습니다. 가로등도 몇 개 없는 을씨년스러운 동네 풍경에 어울리지 않는 궁궐 같은 집이었습니다. 집 뒤편의 산에서는 외지인을 반기지 않는 듯 늑대인지 들개인지 알 수 없는 짐승의 울음소리가 들려왔습니다. 하루가 예전에 몇 번 이곳을 찾아왔을 때는 집 안에 발을 들이기도 싫을 정도였습니다. 그러나 지금은 활짝 열려있는 대문이 새로운 집 주인을 맞이하는 것 같았습니다. 집 안 곳곳에 아버지 삶의 흔적들이 많이 남아있었습니다. 아버지의 물건들을 정리하면서 하루는 자신의 삶이 아버지와 닮아있다는 것을 느꼈습니다. 하루는 며칠 전 부하직원이 했던 '외로워 보인다'라는 말을 다시 떠올렸습니다. 이제 그 고민의 종지부를 찍을 때가 되었다고 생각했습니다.

　여전히 하루는 자신의 삶에 만족하고 있습니다. 하지만 앞으로 찾아올 수 있는 작은 패배마저도 두려워하거나 거부하지는 않을 겁니다.

V. THE HIEROPHANT

이해 | 중재 | 포용 | 귀인 | 큰조직 | 공무원 | 결혼 | 전통적 사고

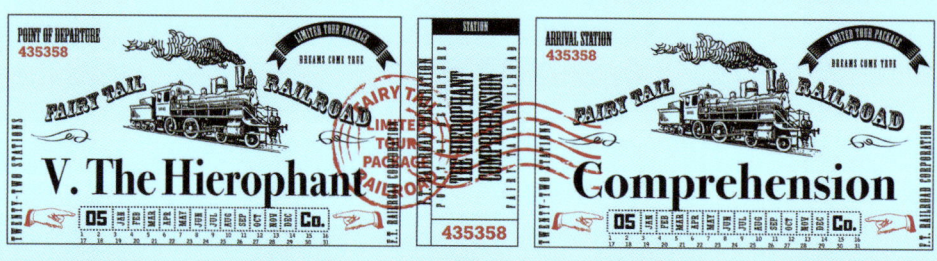

점심시간이 끝나고
평온한 대학교 캠퍼스.

　마치 초등학생처럼 몸집이 작은 두 여학생이 자신들의 키만 한 벽보를 게시판에 붙이고 있었습니다.
　'천재소녀 하루! 전국 체스대회 2회 연속 우승!'
　겨우 벽보를 붙인 두 학생은 자신들이 만든 문구에 뿌듯해하고 있었습니다. 게시판의 반을 차지하는 것 같은 벽보 크기에 문구 글씨는 얼마나 큰지 지나가는 학생들의 시선을 모두 빼앗고 있었습니다.
　"하루 언니는 정말 멋있어……."
　벽보를 보며 중얼대는 두 여학생 뒤로 둘보다는 약간 더 키가 큰 학생이 다가왔습니다.
　"아! … 이건 너무 창피한데…"
　그 목소리에 두 학생은 빠르게 뒤를 돌았습니다.
　"하루 언니!!"
　두 학생이 지르는 큰 소리에 지나가는 사람들의 시선이 다시 한 번 게시판으로 모였습니다. 얼굴이 붉어진 하루가 벽보를 떼려고 하자 두 학생이 저지했습니다. 셋의 앙증맞은 몸싸움이 끝나고 결국 하루는 벽보 떼는 것을 포기했습니다. 이윽고 셋은 동아리실로 이동했습니다. 그곳에서는 하루의 두 번째 체스대회 우승을 기념하는 이벤트를 준비하고 있었습니다.
　하루는 체스 동아리에 들어와서 처음 체스를 배웠습니다. 그리고 그 해 열린 체스대회에서 바로 우승까지 차지했습니다. 그 이야기는 곧장 체스 동아리의 전설이 되었습니다. 하루의 전설을 듣고 그녀를 동경하여 체스 동아리에 들어

스물두 가지의 하루

V. THE HIEROPHANT

오는 사람들의 숫자도 상당했습니다. 하루는 후배들에게 자신의 체스 비법을 가르쳐주려고 애썼지만 그건 아무나 배울 수 있는 수준이 아니었습니다. 일반인들의 머리로는 도저히 따라갈 수 없는 기가 막힌 전략을 구사하는 그녀를 보면 현자 그 자체였습니다. 회색 옷에 커다란 안경 그리고 늘 숏컷트를 유지하는 그녀의 외모에서는 지혜로운 면모가 물씬 느껴졌습니다.

"체스는 상대방의 생각을 읽는 게 중요해. 이건 마치 심리 상담과도 같지.'

하루가 체스에 대해서 이야기하자 동아리의 모든 사람들의 눈빛이 반짝였습니다. 하루가 체스를 마치 심리 상담 같다고 한 말에는 그녀의 평소 관심사가 반영되어 있기도 했습니다. 하루 본인 스스로 똑똑하다는 사실을 인지하고 있었고 타고난 그 지혜는 타인의 심리를 파악하는데 특히 강력하게 작용했습니다. 하루는 언제부터인가 그 능력을 사람들 간의 분쟁을 해결하는 데 사용했습니다. 하루는 주변의 모든 싸움 가운데로 직접 들어가 그 싸움을 해결하면서 보람을 얻었습니다. 분쟁의 중간에 서서 중재자의 역할을 하는 것… 양쪽의 심리를 읽고 무엇이 해결 방안인지 바로 알 수 있는 하루에게 그만큼 재미있는 일도 없었습니다.

"하루의 두 번째 우승을 기념해서 다다음 주에는 동아리 MT를 갑니다!"

동아리 부회장의 발표에 학생들이 환호했습니다.

2주가 지나고 가을 하늘이 화창한 주말에 체스 동아리가 도착한 곳은 한적한 캠핑장이었습니다. 캠핑장으로 들어오는 길목에는 작은 농촌 마을 하나가 있었는데 그 마을의 이름이 '너구리 마을'이라 학생들이 귀엽다며 웃었습니다. 마을 이름이 적혀있던 비석 옆에는 마을 이름의 유래가 적혀있었습니다. 옛날부터 너구리 도깨비가 출몰했었다는 전설… 사람을 도와주기도 그리고 골탕 먹이기도 했던 너구리 도깨비의 전설을 읽어보니 마을이 신비하게 느껴졌습니다.

캠핑장에 있던 하루는 잠깐 너구리 마을을 구경하러 나가기로 했습니다. 마을의 규모는 집이 스무 채도 안될 만큼 작았지만 굉장히 떠들썩했습니다. 그 이유는 하천 옆 팔각정에 모여 바둑을 두고 계시는 어르신들 때문이었습니다. 동네 구멍가게에서 군것질거리 몇 개를 사고 나온 하루가 팔각정으로 향했습니다. 그리고 어르신들이 두고 있는 바둑판을 유심히 바라봤습니다. 체스와 똑같이 흑과 백으로 된 자그마한 전쟁터인 바둑에 하루는 관심이 갔습니다. 하루가 관심을 가지자 할아버지 한 분이 하루에게 바둑의 규칙을 대충 설명해 주기 시작했습니다. 상대방보다 집을 더 많이 만들면 이긴다는 단순한 룰… 하지만 체스와는 비교할 수 없는 깊이가 느껴졌습니다. 규칙을 이해한 하루가 이곳저곳을 다니며 여러 바둑 대전을 지켜봤습니다. 그때마다 하루의 머릿속에는 몇 수 앞이 펼쳐졌습니다.

화기애애했던 팔각정에서 큰소리가 나오기 시작했습니다. 세 시간째 치열한 대전이 펼쳐지고 있는 곳… 두 노인의 얼굴에는 피로와 열정이 동시에 느껴졌습니다. 하루는 그 자리로 옮겨서 바둑판을 살펴봤습니다. 하루는 정말 팽팽한 승부라는 것을 느꼈습니다. 두 노인은 서로에게 험한 말을 하기 시작했습니다. 긴 대전에 짜증이 나기도 했지만 절대 질 수 없다는 자존심도 큰 것 같았습니다.

V. THE HIEROPHANT

    그 순간 하루의 눈에 이 승부를 끝낼 수 있는 수가 보였습니다. 이 대전이 더 길어진다면 두 노인의 갈등도 커질 것만 같았습니다. 한 노인이 바둑돌을 두려 할 때 하루는 헛기침을 했습니다. 그러자 노인이 움찔하며 반응했습니다. 다시 한 번 생각하던 노인은 다른 곳에 돌을 놓았습니다. 다음에는 다른 노인이 바둑돌을 움켜쥐었습니다. 이번에도 똑같이 하루의 훈수 아닌 훈수가 이어졌습니다. 두 노인은 하루가 신호하는 곳으로 바둑돌을 놓으면 신기하게도 상대방 집을 빼앗는 것을 알아챘습니다. 그렇게 사실상 하루 혼자만의 바둑 대전이 펼쳐졌고 이전 보다 바둑돌을 놓는 시간은 절반 이하로 줄어들었습니다. 약 10여 분의 시간이 지나고 두 노인의 치열했던 바둑은 무승부로 결정이 났습니다.

    하루는 뿌듯한 듯 미소를 띴고 두 노인은 상대방을 노려보기 시작했습니다. 그러곤 다시 한 번 큰 소리가 팔각정에 울려 퍼졌습니다.

    "다시 해!! 이 영감탱이야!!"

    소스라치게 놀란 하루는 캠핑장으로 달려갔습니다. 그런 하루를 보며 동아리 사람들은 의아해했습니다. 긴 시간 자리를 비우고 돌아와서는 땀을 뻘뻘 흘리는 하루가 이상해 보이는 게 당연했습니다. 걱정하는 사람들에게 괜찮다며 웃어 보이는 하루…

    중간에 서는 것만으로 이 세상 모든 싸움을 해결할 수 없다는 것을 배우게 된 하루였습니다.

36 37

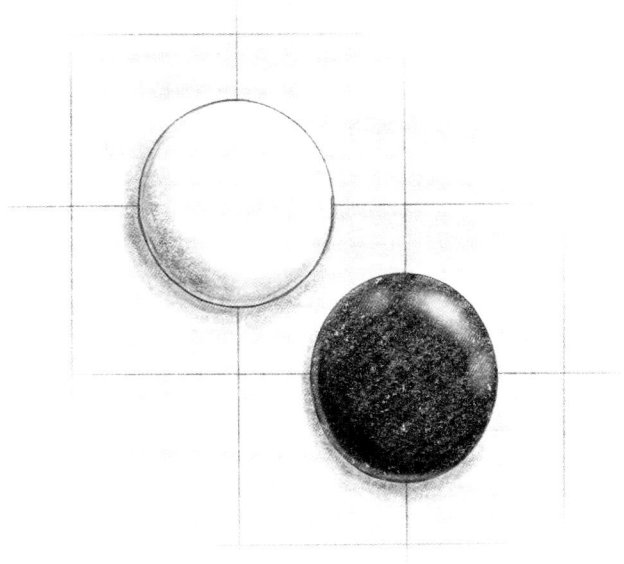

스물두 가지의 하루

VI. THE LOVERS

사랑 | 순수 | 신뢰 | 결합 | 질투 | 파벌

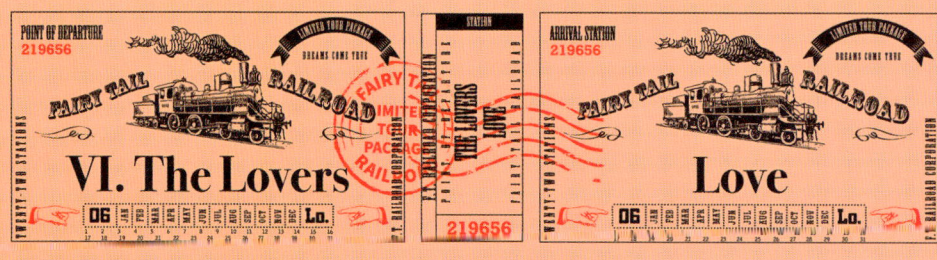

대학생이 되고 첫 방학을 맞이한 하루는 부모님과 함께 외갓집으로 향하고 있었습니다.

외갓집에 가까워질수록 하루의 입가에는 잔잔한 미소가 번지고 있었습니다. 부모님은 하루의 표정을 보더니 외갓집 가는 게 그렇게 좋냐고 물어보셨습니다. 하루는 말없이 고개만 끄덕였습니다. 외갓집에 가면 보고 싶은 외할머니도 계시지만 하루를 두근거리게 하는 또 다른 이야기도 있었습니다. 하루는 창문을 열어 바깥에서 들어오는 공기를 느꼈습니다. 과수원으로부터 달콤한 과일향이 바람에 실려 들어왔습니다.

외갓집 앞에는 외할머니가 마중 나와 계셨습니다. 하루는 외할머니를 보자마자 달려가서는 살포시 안아드렸습니다. 그러고는 익숙하게 외갓집 안으로 들어갔습니다. 하루의 외갓집은 2층으로 된 벽돌 건물에 1층에는 외할머니가 운영하고 있는 식당이 있었습니다. 하루와 가족들은 식당에서 간단하게 식사를 마쳤습니다. 오랜만에 외할머니의 음식을 먹으니 참 그리운 기분이 들었습니다. 하루는 2층으로 올라가 작은방으로 들어갔습니다. 그 방은 4년 전에 하루가 6개월 동안 사용하던 방이었습니다. 4년이 지났지만 아직도 하루가 쓰던 모습 그대로였습니다.

4년 전 부모님 두 분 모두 해외로 오랫동안 나가있어야 할 일이 생겨 당시 중학생이던 하루는 외갓집에서 한 학기를 보내야 했습니다. 사랑하는 외할머니와 함께 지내는 것은 좋은 일이었지만 처음으로 전학을 가서 새로운 친구들과 지내야 한다는 것에 큰 부담을 느꼈었습니다. 걱정과는 달리 하루는 새 학교에서도 잘 적응을 했고 그 한 학기가 즐거운 추억으로 남아있습니다. 자신이 쓰던 작

VI. THE LOVERS

　은방 침대에 누워 그 시기를 생각하니 아득히 먼 일 같으면서도 엊그제 일 같기도 했습니다. 친구들의 얼굴이 어렴풋이 기억나지만 이름은 아무리 생각해도 떠오르지 않았습니다. 그중에서 단 한 명의 이름만은 또렷하게 기억하고 있었습니다.

　하루는 1층으로 내려가 회포를 풀고 있는 외할머니와 부모님을 지나서 신발을 신었습니다. 어딜 가냐고 묻는 부모님께 잠깐 동네를 돌아보고 오겠다고 말하고 밖으로 나갔습니다. 외갓집 주변의 풍경은 하루가 어렸을 때부터 지금까지 거의 바뀌지 않은 듯 느껴졌습니다. 읍사무소 근처에 카페 몇 개가 새로 생긴 것 빼고는 옛 모습과 똑같았습니다. 하루는 4년 전에 잠시 다녔던 중학교 등굣길을 따라 걸었습니다. 외갓집이 있는 읍내에서부터 1킬로미터 정도 떨어진 곳에 학교가 있었고 직선으로 쭉 이어진 길을 따라 늘 등하교를 했습니다. 길 양옆에는 논과 밭 그리고 과수원이 있었습니다. 이 길을 따라 첫 등교를 하는 날에 길 중간에서 그 아이를 처음 봤습니다. 전학 첫날의 긴장에 다른 생각을 못 하고 있던 하루 앞에 갑자기 나타난 큰 등짝… 하루는 간격을 두고 그 아이의 뒤를 따라서 학교로 갔습니다. 뒤에 누가 있는 듯 한 인기척을 느낀 아이는 살짝 고개를 돌려 하루를 쳐다봤습니다. 진한 눈썹과 쌍꺼풀 없는 날카로운 눈매 그리고 까무잡잡한 피부에 살짝 홍조가 도는 뺨까지 아이의 첫인상은 하루에게 강렬하게 남았습니다. 아이는 무심하게 다시 고개를 돌려 학교로 향했습니다.

　학교에 도착하고 나서 하루는 그 아이와 같은 반이라는 것을 알았습니다. 이 마을에는 아이들 숫자가 적기 때문에 학년 당 반이 하나씩 밖에 없는 것이었습니다. 그렇기에 다른 아이들은 모두 초등학교 때부터 이어진 친구들이었습니다. 그런 관계 사이로 새롭게 들어온 하루에게 친구들은 큰 관심을 보였습니다. 친절하게 대해주는 친구들 덕분에 하루는 새 학교에 금방 적응하며 즐거운 시간들을 보냈습니다. 그러면서도 이상하게 첫 등굣길에 만났던 그 아이와는 대화할 기회조차 없었습니다. 그 아이는 자신의 친구들과는 잘 대화하다가도 하루가 다가가면 말수가 적어졌습니다. 그렇게 어색한 사이가 되어 버리니 그 이후로도 대화를 하기는 점점 더 어려운 일이 되었습니다.

 옛 생각을 하며 걷던 하루는 자신이 다녔던 중학교에 도착했습니다. 다시 보니 학교가 참 작게 느껴졌습니다. 운동장에는 잡초가 듬성듬성 자라있었습니다. 하루는 벤치에 앉아서 축구 골대를 바라봤습니다. 거기에서 축구를 하던 아이의 모습이 눈에 선했습니다. 큰 체격과 훌륭한 운동신경으로 멋지게 축구를 하던 그 아이에게 하루는 눈을 뗄 수가 없었습니다. 아이를 뚫어져라 쳐다보다가 간혹 눈이 마주치기도 했습니다. 그러면 깜짝 놀라서 눈을 피했습니다.

 한 번은 그 아이의 가족이 외할머니의 식당에 오기도 했습니다. 외할머니의 일을 도와주던 하루는 아이를 보자 부끄러우면서도 반가웠습니다. 하지만 아는 척을 할 수는 없었습니다. 외할머니는 아이의 부모님과 반갑게 인사했습니다. 식당에 있는 내내 아이는 고개를 돌리지도 않고 먹는 것에만 집중했습니다.

 "쟤. 잘 생겼지?"

 외할머니가 웃으면서 하루에게 물었습니다. 하루가 자기도 모르는 사이에 아이를 계속 쳐다보고 있었던 것입니다. 외할머니의 짓궂은 질문에 하루는 걷잡을 수 없이 부끄러워져서 2층으로 도망가듯 올라갔습니다.

 식당에서의 일을 떠올리니 하루는 여전히 부끄러운 감정이 들었습니다. 외할머니는 아직도 그 일을 기억하고 계실지 궁금해졌습니다. 그러고는 제발 잊어버리셨기를 빌었습니다. 하루는 학교를 나와 다시 외갓집으로 향했습니다. 돌아가는 길에는 산으로 이어지는 갈림길이 있었습니다. 가끔 그 길로 가면 작은 냇가를 건널 수 있는 다리가 있어서 그곳에서 시간을 보내곤 했습니다. 하루에게는 4년 전, 가장 잊지 못할 추억이 있는 장소이기도 했습니다.

 여름방학을 앞둔 학기말 하루는 곧 원래 다니던 학교로 다시 전학 간다는 생

VI. THE LOVERS

각에 기대가 되면서도 이곳의 친구들과 헤어진다는 것이 우울했습니다. 학교에서는 방학을 앞두고 근처에 있는 유적지로 견학을 가는 프로그램을 만들었습니다. 작은 버스에 아이들이 자리를 채우며 앉았습니다. 마음이 복잡했던 하루는 맨 앞자리에 앉아서 창밖을 보고 있었습니다. 그때 하루 옆자리에 누군가가 앉았습니다. 고개를 돌려서 누군지 확인한 하루는 깜짝 놀랐습니다. 그 아이가 하루 옆에 앉아있는 것이었습니다. 하루에게는 아이와 대화할 수 있는 마지막 기회였습니다. 하지만 버스로 이동하는 시간 동안 어떤 이야기를 꺼내야 할지 전혀 떠오르지 않았습니다. 둘 사이엔 침묵만이 이어졌고 가끔 흔들리는 버스에 팔이 살짝씩 닿았습니다. 결국 아무 대화도 없었지만 하루는 그 시간이 좋았습니다.

　여름방학식 날 친구들은 다시 원래 살던 곳으로 돌아갈 하루에게 작별 인사를 하며 아쉬움을 표했습니다. 하루 역시 아쉬운 감정이 마음속 가득 차올랐습니다. 방학식이 끝나고 나서도 모두들 집에 돌아가지 않고 근처 떡볶이집에서 하루의 송별회를 해줬습니다. 집으로 돌아가던 하루는 작은 냇가로 가서 아쉬운 마음을 정리하고 있었습니다.

　그때 하루를 부르는 누군가의 목소리가 들려왔습니다. 하루는 목소리를 듣자마자 누군지 바로 알 수 있었습니다. 하루가 서있던 다리 옆에 그 아이가 수줍은 표정을 지으며 서있었습니다. 아이는 하루가 그 길을 지나가길 기다리고 있었다고 했습니다. 하루가 아이를 처음 봤던 길옆에 있는 과수원… 그곳이 아이의 집이었습니다. 아이의 손에는 빨갛게 잘 익은 사과 하나가 들려있었습니다. 하루는 이제야 말을 걸어준 아이가 고마우면서도 원망스러웠습니다.

　둘은 다리 위에서 짤막한 대화를 나눴습니다. 아이는 뭔가 결심한 듯이 하루에게 말을 하려고 하다가도 다른 이야기로 주제를 돌리곤 했습니다. 하루는 굳이 듣지 않아도 무슨 이야기를 하려고 했는지 알 것 같았습니다. 아이는 손에

들린 사과를 반으로 쪼개서 하루에게 주었습니다. 둘은 사과를 맛있게 먹었습니다.

"넌 잘 모르겠지만 과일나무 중에 제일 키우기 힘든 게 사과나무야. 얼마나 예민하고 까다로운지 조금만 신경을 안 쓰면 죽는다니까."

아이는 그 말을 끝내고 하루가 먹고 남은 사과 씨까지 받더니 냇가 옆에다가 심었습니다. 그리고 둘은 작별 인사를 나눴습니다.

집으로 향하던 하루는 냇가에 들러봤습니다. 냇가 다리는 추억의 모습 그대로였습니다. 냇가를 내려다보니 놀랍게도 아이가 사과 씨를 심은 그 자리에 나무가 자라있었습니다. 나무에는 과수원의 사과와는 비교할 수없이 작은 사과들이 열려있었습니다. 잘 뻗은 나뭇가지에 붉은 사과들이 달려있는 게 꼭 붉은 뱀처럼 보이기도 했습니다. 잠시 뒤 어린 연인들이 냇가로 찾아왔습니다. 순수한 그들의 모습을 보니 4년 전, 자신의 모습이 생각났습니다. 하루는 그들의 사랑을 마음속으로 축복해 주고 외갓집으로 돌아왔습니다. 외할머니는 하루를 보더니 갑자기 생각난 듯 무언가를 꺼내 줬습니다. 외할머니는 하루가 잠깐 나가있는 동안 누군가가 찾아왔다고 했습니다. 할머니가 건네준 것을 보고는 하루는 기쁜 마음에 눈물이 날 것만 같았습니다.

하루의 손에는 연락처가 적힌 쪽지와 사과 하나가 들려있었습니다.

스물두 가지의 하루

VII. THE CHARIOT

열정 | 목표 | 추진력 | 중도 포기 | 좁은 안목

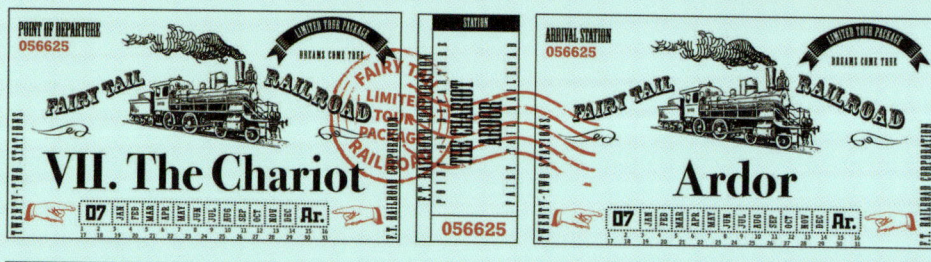

"힘내자! 하루!
이제 딱 중간이다!"

　휴게소에서 간단히 허기를 채우고 바로 옆 주유소로 이동하며 하루는 작은 목소리로 말했습니다. 하루의 얼굴은 그 어느 때보다 활력이 넘쳤습니다.
　얼마 전 하루는 거창한 여행 계획을 세웠습니다. 그동안 일에만 몰두하며 자신에게는 좀 소홀했다는 생각이 들었기 때문입니다. 오랫동안 준비했던 자격증까지 따고 나니 정말 여행을 가야겠다는 생각이 강하게 들었습니다. 하루는 핸드폰 메모장을 열어 이제까지 적어놨던 버킷리스트를 살펴봤습니다. 처음에는 해외여행을 갈까도 생각했지만 버킷리스트를 보니 일단 우리나라에 있는 여러 곳들을 먼저 가봐야겠다는 생각이 들었습니다. 꼭 가보겠다고 체크한 맛집만 다 찾아다녀도 전국 일주를 해야 될 판이었습니다. 하루는 최대한 간결하게 동선을 짜기 시작했습니다. 맛집과 명소들을 가까운 곳부터 위치 순서대로 잇고 보니 열흘간의 계획이 세워졌습니다. 그리고 마지막에는 고향인 남해 섬마을에 가서 부모님과 즐거운 시간과 휴식을 취할 계획이었습니다.
　여행 계획을 세우고 나서 하루는 자신의 애마인 파란색 스쿠터를 정비했습니다. 하루가 사회 초년생일 때부터 하루의 발이 되어준 소중한 스쿠터였습니다. 워낙 애정을 갖고 관리를 해왔기 때문에 전국을 두세 번 돌아도 멀쩡할 거라는 확신이 들 만큼 상태가 좋았습니다. 예전부터 스쿠터에는 '스핑크스'라는 멋진 이름도 있었습니다.
　"스핑크스. 내일이면 좀 멀리 떠날 건데 끝까지 달릴 수 있지?"
　하루는 스쿠터를 어루만지며 고향의 부모님 생각을 했습니다. 멋지게 금의환향하는 자신을 맞이해주는 부모님의 기쁜 얼굴… 하루는 이제까지 먼 타지에서

VII. THE CHARIOT

　홀로 지내며 직장에서도 성공하고 원하던 자격증까지 딴 자기 자신이 자랑스러웠습니다.
　그렇게 열흘의 절반 5일이 지났습니다. 5일 동안 하루는 여행 계획 그대로 차곡차곡 수행했습니다. 스쿠터에 주유를 끝낸 하루는 다음 계획을 향해 달렸습니다. 시원하게 펼쳐진 해안가 도로를 달릴 계획이었기 때문에 그에 걸맞은 원피스도 차려입었습니다. 여성스러운 원피스 안에는 우락부락하게 생긴 오토바이 보호장구들을 전신에 걸쳐 착용하고 있었습니다.
　"스핑크스. 다음 계획은 저 항구에 있는 맛집으로 갈 거야. 전복 해조류 비빔밥이랑 떡갈비가 예술이래~!"
　오랜 시간 운전을 하면서 아직 제대로 끼니를 챙기지 못한 하루는 음식 생각을 하니 견디기 힘들었습니다. 몇 분 후 식당 앞에서 하루는 이번 여행 처음으로 실망을 했습니다. 큰 기대를 하고 온 식당 앞에 한동안 휴업을 한다는 글만 적힌 채 문을 닫은 것입니다. 설상가상으로 근처에는 식당도 없었습니다. 잠깐 고민에 빠져있던 하루는 다시 스쿠터에 시동을 걸었습니다. 계획에 차질이 생겼다고 해서 가만히 있을 순 없었습니다. 비상식량으로 사놓은 초코바 하나를 가방에서 꺼내어 물고는 다시 해안가를 달리기 시작했습니다.
　원래 계획에 차질이 생기면서 그만큼의 시간이 하루에게 새로 주어졌습니다. 하루는 짧은 시간이지만 이 시간 동안 여행 중 처음으로 즉흥적으로 움직여보자고 생각했습니다. 그렇게 생각하니 하루에게 다시 활력이 찾아오는 것 같았습니다. 그 순간 하루의 스쿠터 양옆으로 진짜 스핑크스들이 보였습니다. 스핑크스들은 줄로 힘차게 하루를 이끌었습니다. 스핑크스들이 이끄는 곳이 어디일지 하루는 기대가 됐습니다.
　얼마 뒤 하루는 늦지 않게 점심을 먹을 수 있었습니다. 작은 마을에 위치한 허름한 식당을 찾은 것이었습니다. 검색을 해봐도 나오지 않는 외진 곳이었지만 이번 여행 중에 가장 맛있는 식사를 하게 해준 맛집이었습니다. 그리고 남은 시간 동안 마을 주변을 둘러보며 짧은 즉흥 여행을 즐겼습니다. 하루가 스쿠터로 돌아가자 하루를 이끌어주던 스핑크스 둘은 사라져있었습니다. 하루는 스쿠터에 앉으며 다음 장소를 내비게이션에 입력했습니다.

"계획이 틀어져도 너만 믿을게. 스핑크스."

VIII. STRENGTH

내공 | 부드러운 카리스마 | 온화함 | 내면의 지혜 | 답답 | 무한한 책임감

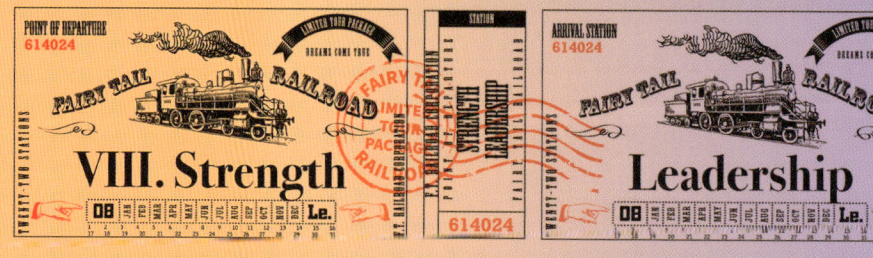

"하루 쌤은 정말 대단해요.
어떻게 저 말썽꾸러기 아이들을
얌전하게 만들어요?"

　동료 선생님의 물음에 하루는 웃으며 제자들을 사랑스럽게 바라보았습니다. 그곳에는 열다섯 남짓의 아이들이 수다를 떨며 걸어가고 있었습니다. 아이들은 천진난만한 모습으로 떠들었지만 질서를 꾸준히 유지하고 있었습니다. 반면에 다른 반 아이들은 통제가 살짝 힘들 정도로 장난을 치고 있었습니다. 오랜만에 야외 수업에 흥분한 듯 한 모습이었습니다.
　선생님과 학생들은 곧 넓은 초원에 도착했습니다. 들꽃과 잔디가 가득한 들판에 정확한 형상을 알아보기 힘든 오래된 돌조각 몇 개가 서있어서 독특한 분위기를 풍기는 공간이었습니다. 학생들은 개인 돗자리를 펴서 자리에 앉았습니다. 그리고 선생님들 대표로 하루가 나와 수업을 진행하기 시작했습니다. 수업을 진행하면서 하루는 학생들 뒤로 펼쳐진 초원을 바라봤습니다. 어릴 적 하루가 뛰어놀던 돌무더기가 보였습니다. 그리고 이제는 자신이 다니던 학교의 선생님이 되어 후배들에게 이 장소에 대한 수업을 하고 있다는 것에 묘한 감정을 느끼고 있었습니다.
　이 작은 시골마을을 특별하게 만드는 대초원. 하루가 선생님으로 임용되고 나서 자신의 모교에 부임되고자 노력했던 이유도 대초원 때문이었습니다. 이 장소를 변치 않게 지키고 후배들에게 그대로 전달하는 것, 그것이 하루의 사명이었습니다.
　하루의 수업에 학생들은 모든 감각을 집중하고 있었습니다. 하루는 이 초원의 역사와 의미 그리고 최근에 유적으로 밝혀진 돌무더기에 대한 것까지 자세하게 수업을 이어갔습니다. 하루가 가지고 있는 초원에 대한 지식이 매우 풍부하기도 했지만 낮으면서도 부드러운 음성이 아이들을 매료되게 했습니다. 그렇게 말썽이 심하던 아이들이 하루의 말에 집중하는 모습을 보니 다른 선생님들은 감탄을 하지 않을 수 없었습니다.

하루의 수업이 끝나고 학생들의 남은 시간은 자유롭게 초원에서 보내기로 했습니다. 학생들은 하루에게 들은 초원의 역사 이야기 때문인지 더 관심 있게 돌무더기들을 살펴봤습니다. 아이들의 질문에 대답을 해주며 하루도 돌무더기들을 바라봤습니다. 그리고 얼마 전에 있었던 마을의 소동을 생각했습니다. 마을 근처에 고속도로가 생긴다는 소문이 돌자 마을 사람들이 도청으로 몰려간 일이었습니다. 마을 사람들이 흥분한 이유는 바로 대초원의 유적 때문이었습니다. 고속도로를 개발하면서 혹시나 초원과 유적에 영향을 미칠까 하는 걱정이었습니다. 이때도 마을 사람들을 진정시키고 차분한 음성과 논리적인 말로 마을 사람들의 의견을 도청에 전달한 것은 하루였습니다. 이 일 이후로 마을 사람들은 어린 하루의 리더십을 신뢰하게 됐습니다.

초원의 한쪽에서 아이들의 소리가 더 요란스럽게 들리기 시작했습니다. 그 소리에 하루가 무슨 일인지 살펴보러 갔습니다. 그곳에는 작은 야생 고양이가 있었습니다. 귀여운 고양이의 모습에 아이들은 만지려 다가갔지만 고양이가 워낙 사납게 구는 바람에 접근하기 어려웠습니다. 짓궂은 아이 하나가 고양이를 위협하려 들었습니다. 고양이가 앞발을 들려고 하자 학생을 저지하며 하루가 이야기했습니다.

"고양이의 앞발이 작고 하찮아 보여도 치명적인 발톱을 숨기고 있어."

하루는 고양이와 눈을 맞추기 위해 자세를 낮췄습니다. 고양이는 경계를 하다가 곧 긴장을 풀었습니다. 하루와의 거리를 좁히진 않았지만 눈빛은 뭔가 교감을 하고 있는 듯했습니다. 아이들은 그 모습을 흥미롭게 쳐다봤습니다. 아이들의 기대와는 달리 고양이는 더 다가오지 않고 그대로 나무 사이로 사라졌습니다.

수업 시간이 끝나고 학생들의 하교를 도와주고 난 뒤에 하루는 다시 초원으로 돌아왔습니다. 아까까지 아이들로 북적이던 넓은 초원은 다시 고요해졌습니다. 해는 서쪽으로 점점 누우며 하늘을 붉게 만들었습니다. 하루는 고양이가 사라진 나무숲을 바라봤습니다. 어릴 적 작은 고양이의 발톱에 공격을 당했던 일을 떠올렸습니다. 상처가 쓰라리긴 했지만 하루는 그 고양이가 밉거나 무섭지 않았습니다. 그저 그 고양이의 마음을 모르고 함부로 다가간 것에 미안할 뿐이었습니다.

역사학자들은 초원의 돌무더기가 원래 커다란 고양잇과 동물의 형상이었을 것이라고 예상했습니다. 남아있는 부분을 봤을 때 마치 해태 같기도 호랑이 같기도 했습니다. 하지만 하루는 그것이 사자라고 확신했습니다. 그 이유는 하루가 이곳에 사는 사자와 친구이기 때문이었습니다. 하루의 손에 상처를 낸 그 고양이는 바로 새끼 사자였습니다. 온몸에서 빛이 나는 신기한 모습을 하고 있던 그 사자에게 어린 하루는 관심을 가질 수밖에 없었습니다. 둘의 첫 만남은 쓰라렸지만 매일 찾아오는 하루에게 사자는 조금씩 마음을 열었습니다. 적당히 거리를 두며 눈빛으로 전하는 하루의 진심이 사자에게 전달되었던 것이었습니다. 사자의 마음 역시 하루에게 전달되었습니다. 사자는 대대로 이 초원을 지켜온 수호신 같은 존재였습니다. 하루는 사자에게 그 역할을 함께 하겠다고 약속을 했습니다.

해가 산속으로 점점 모습을 감추며 붉은 파장이 온 하늘 뒤덮자 돌무더기에서 붉은 사자 한 마리가 튀어나왔습니다. 그리고 하루와 사자는 반갑게 인사를 했습니다.

스물두 가지의 하루

IX. THE HERMIT

성찰 | 전문가 | 연구 | 학식 | 고립 | 좁은 시야 | 지혜

IX. The Hermit

Introspection

작은 창 틈으로 들어오는 차가운 공기 내음에 하루는 이제야 겨울이 되었음을 깨달았습니다.

    창문으로 시선을 옮기자 바람을 타고 눈송이가 살랑거리며 방안으로 들어오고 있는 모습이 보였습니다. 하루는 손을 뻗어 눈송이를 잡았습니다. 차가운 감촉이 손바닥을 타고 하루의 정신을 깨우는 듯했습니다. 하루는 창가로 가서 하얗게 눈 덮인 산을 바라봤습니다. 하루가 앉아있던 책상 위에는 온갖 물건들이 정신없이 널어져 있었습니다. 수많은 물건들 가운데에는 글씨가 가득한 노트 하나가 있었습니다. 종이의 흰 부분이 거의 보이지 않을 정도로 빼곡히 적혀있는 글자들은 하루 만이 알아볼 수 있었습니다. 하루는 겨울이 오면 이 책을 완성하겠다고 다짐했던 것을 떠올렸습니다.

    하루는 두 달째 바깥으로 한 발자국도 나가지 않고 있었습니다. 바깥은커녕 이 좁은 다락방 밖으로 나가는 것도 손에 꼽았습니다. 하루의 부모님은 두문불출하는 하루를 걱정했습니다. 하루 종일 책상 앞에 앉아있는 하루의 건강이 걱정되는 것은 당연했습니다. 그렇지만 한편으로는 하루에게 기대도 하고 있었습니다. 하루가 이렇게 다락방 안에 스스로를 가둔 것이 처음은 아니었습니다. 처음에는 일주일 그다음에는 3주로 비교적 짧은 기간이었지만 그때마다 하루는 기가 막힌 무언가를 만들어 냈습니다. 그것들은 부모님의 시각에서도 굉장히 천재적인 것들이었습니다. 그렇기에 이번에도 부모님은 당연히 기대했지만 생각보다 시간이 길어진다는 것이 불안했습니다.

    불안한 것은 하루도 마찬가지였습니다. 하루는 창문을 활짝 열고 책상 정리를 하기 시작했습니다. 그것은 복잡한 머릿속 그리고 마음속을 정리하는 것과

IX. THE HERMIT

같았습니다. 창문으로 매서운 겨울바람이 들어와 하루의 체온을 확 떨어뜨렸습니다. 그리고 어두운 다락방 구석구석으로 냉기를 전달했습니다. 하루는 짧은 시간 동안 빠르게 방 정리를 마쳤습니다. 정리를 마쳐도 여전히 너저분해 보이는 방이었지만 그곳에는 하루 만의 질서가 있었습니다.

하루는 어렸을 때부터 이 텅 빈 다락방이 좋았습니다. 학교를 마치고 집으로 돌아온 하루의 머릿속에는 이 세상에 대한 호기심과 의문으로 가득 차 있었습니다. 그럴 때면 다락방에 올라가 방 안에 가득 질문들을 풀어놨습니다. 하루는 가만히 누워서 방안에 날아다니는 의문들을 퍼즐 조각 맞추듯 정리하곤 했습니다. 그리고 책상에 앉아 자기의 해답과 생각들을 적었습니다. 정말 어려운 문제들은 창가로 가서 멀리 보이는 산에게 물어보기도 했습니다. 산이 대답을 주지 않으면 나무에게 물었습니다. 다락방에서 보이는 풍경에는 해답을 아는 친구들이 가득했습니다. 하루는 자기가 궁금한 것에 대한 답을 기어코 얻어냈습니다.

대학생이 된 하루는 더 많은 의문과 질문들을 만나게 됐습니다. 세상은 복잡한 문제들과 해결해야 될 과제들로 가득했습니다. 하루의 친구들을 포함한 세상 사람들은 그런 문제들이 뭐가 대수냐는 듯이 자기 인생 하나 살아가는 것만으로도 버거워 보였습니다. 그렇지만 하루에게 세상의 커다란 과제들은 모두 해결해야만 하는 것이었습니다. 세상의 모든 문제들을 머릿속 가득 짊어지고 집으로 돌아온 하루는 다락방 가득 퍼즐 조각들을 펼쳐놨습니다. 그리고 가을이 지나 겨울이 올 때까지 조각들을 맞추고 있었습니다. 이제는 친구들의 연락도 뜸해지기 시작했습니다. 하루에게는 다락방 안에 귀뚜라미 친구만이 남았습니다.

다시 책상 앞에 앉은 하루는 오늘 맞춘 퍼즐 조각들을 노트에 적었습니다. 하루는 다시 창가에 비치는 눈 덮인 산을 바라보기 시작했습니다. 그러곤 전등 하나를 챙긴 후 삐걱대는 낡은 나무 문을 열고 방 밖으로 나갔습니다. 하루는 TV

를 보고 계시는 부모님을 지나 현관으로 가서 신발을 신었습니다. 그런 하루를 보고 부모님은 당황해했습니다. 바깥으로 나온 하루는 소복이 쌓인 눈을 밟기 시작했습니다. 다락방의 낡은 바닥과는 다른 느낌에 새로운 생각들이 하루의 머릿속에 채워지고 있었습니다. 하루는 다락방 창으로만 바라봤던 산을 향해 질문을 했습니다.

"책이 곧 완성될까?"

산은 당장은 대답이 없었습니다. 하루의 머리 위로 눈이 쌓이면서 차가운 느낌이 들었습니다. 눈이 서서히 녹으며 머리카락 사이로 촉촉한 물이 스며들고 있었습니다. 이번에는 눈이 대답을 줄 것 같은 느낌이 들었습니다. 하루의 주머니에는 귀뚜라미 친구가 빨리 방으로 들어가자고 재촉했습니다. 짧은 외출을 마친 하루가 다시 집안으로 들어갔습니다. 그리고 책상 앞에 앉아서 노트를 열었습니다.

"내 계획대로 이번 겨울에는 끝날 것 같아."

하루는 다시 글을 써 내려갔습니다.

X. WHEEL OF FORTUNE

순환 | 쳇바퀴 | 재회 | 해외 이동 | 변동

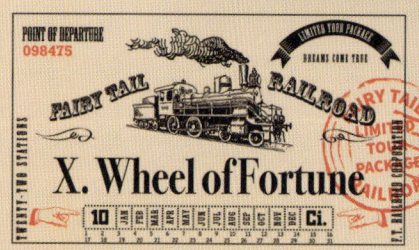

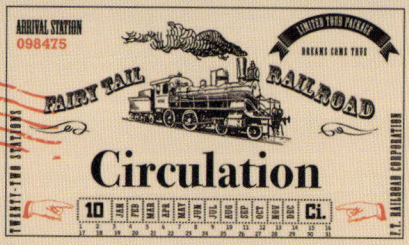

하루는 자전거 바퀴에
자신의 운명을 맡긴 채 달리고 있었습니다.

　핸드폰 충전을 제대로 하지도 못하고 자신만만하게 길을 나선 스스로를 탓하며 연신 주변을 살펴봤습니다. 외딴 시골길에는 그 흔한 편의점 하나 찾기도 매우 어려웠습니다. 그저 이 길을 따라 달리다 보면 방전된 자신의 핸드폰에 어떤 조치라도 취할 수 있는 무언가가 나올 거라는 막연한 기대뿐이었습니다. 그나마 해가 지기엔 이른 시간이라는 것이 하루의 불안함을 달래주는 작은 위안이었습니다.

　하루는 운명 따위를 믿지 않았지만 요 근래 일어난 일들은 '불행한 운명'이라는 단어로 밖에 표현할 수 없는 것들이었습니다. 많은 일들 중에 하루의 마음에 결정타를 먹인 것은 오랜 시간 준비해왔던 공모전에서 탈락한 일이었습니다. 동화 작가를 꿈꾸었던 하루는 6년 동안 매년 자신이 원하는 출판사 공모전에 지원을 했습니다. 늘 탈락이라는 결과뿐이었지만 자기 스스로 점점 성장한다는 느낌을 받고 있었습니다. 최근에는 최종 심사까지 올라가는 성과도 있었습니다. 그랬기에 올해 공모전은 좀 더 자신이 있었습니다. 게다가 이제까지 자신의 역량을 모두 동원했다고 할 수 있을 역작을 만들어냈습니다. 하지만 예선 탈락이라는 너무나 허무한 결과를 맞닥뜨리자 6년간의 인내와 기대가 모두 증발해 버렸습니다.

　'난 동화 작가가 될 운명이 아닌 거야…'

　우울해하는 하루의 소식을 들은 이모는 하루에게 자신이 운영하는 펜션으로 놀러 오지 않겠냐고 물어봤습니다. 조용한 산속 휴양지에 위치한 이모의 펜션은 우울한 마음을 달래기에 적합한 장소였습니다. 하루가 힘들어하는 모습을

X. WHEEL OF FORTUNE

안타까워했던 어머니도 잠깐만 쉬고 오라며 하루를 설득했습니다. 하루가 주저하자 어머니는 하루를 끌고 함께 이모의 펜션으로 향했습니다. 하루가 이모의 펜션에 온 것은 15년 만이었습니다. 아주 어릴 때 왔었던 희미한 기억만 있어서 펜션 주변 풍경은 좀 낯설게 느껴졌습니다. 도시와는 다른 자연의 풍경을 보자 신기하게도 우울한 마음이 많이 사라졌습니다. 산 아래로 펼쳐진 아름다운 시골 마을의 모습이 하루에게 새로운 힘을 주는 것 같았습니다. 그때 하루의 눈에 자전거 한 대가 들어왔습니다. 이모부가 가끔 사용하는 자전거였습니다. 하루는 잠깐 동네 구경을 하겠다고 말하고는 자전거를 타고 나왔습니다.

하루는 단발머리를 휘날리며 신나게 자전거를 타고 내려갔습니다.

귀 끝을 스쳐가는 바람이 너무나 상쾌하게 느껴졌습니다. 그렇게 한참을 달리고 나서야 하루는 자신의 핸드폰이 방전되어 있다는 걸 깨달았습니다. 기차에서 연신 핸드폰만 바라보고 있었던 탓이었습니다. 핸드폰을 사용하지 못하니 돌아가는 길도 알 수가 없었습니다. 하루는 다시 우울감에 휩싸였습니다. 이렇게 바보 같으니 동화 작가의 꿈도 이루지 못하는 거라고 자책했습니다.

'길도 모르면서 왜 이렇게 미련하게 달려왔을까…'

자전거 바퀴는 어디로 향하는지 알지도 못한 채 계속 돌아가고 있었습니다. 그때 하루에게 어떤 길 하나가 보였습니다. 모든 것이 생소한 장소지만 그 길만은 익숙한 기분이었습니다. 하루는 자전거를 끌고 숲길로 들어갔습니다. 나무와 잡초가 무성하게 자라있는 길을 힘겹게 들어가자 커다란 물레방아가 있었습니다. 오래전부터 사람의 발길이 끊긴 듯 한 낡은 물레방앗간이었지만 물레방아는 아직도 돌아가고 있었습니다. 그제야 하루는 이 길이 낯익었던 이유를 생각해냈습니다. 어릴 적 한번 이모 펜션에 놀러 왔을 때에도 이 물레방아를 봤던 것입니다. 하루는 눈을 감고 어린 시절의 자신을 떠올렸습니다. 처음 보는 물레방아를 신기해하는 어린 시절 하루… 그리고 물레방아를 타고 노는 숲속의 요정들을 상상했습니다. 하루가 동화 작가의 꿈을 품게 된 계기는 이 물레방아 때문이었던 것이었습니다. 다시 숲길을 따라 밖으로 나와 달려온 길을 되돌아보자 산 중턱에 있는 이모의 펜션이 거짓말처럼 선명하게 보였습니다.

다음날이 되자 하루는 다시 자전거를 타고 물레방아를 찾았습니다. 어제는 오랜 시간 달려서 왔다고 생각을 했는데 다시 찾아오니 정말 가까운 거리였습니다. 겨우 이 정도 거리에 불안해하며 길을 헤매던 어제의 자신을 생각하니 하루는 웃음이 터져 나왔습니다. 다시 물레방아를 보자 마음이 평화로워졌습니다. 하루에게 동화 작가라는 꿈을 선사했던 물레방아… 하루는 다시 눈을 감고 물레방아와 숲속의 요정들을 상상했습니다. 이렇게 낡기 전의 물레방아 이야기를 요정들로부터 전해 들었습니다. 그 순간 낡은 물레방아는 아름다운 새것의 모습으로 변했습니다. 그리고 그곳에는 물레방아를 지키는 스핑크스와 아누비스가 있었습니다.

하루는 눈을 뜨고 요정들이 전해준 이야기와 장면들을 되새겼습니다. 그러곤 부드러운 흙바닥에 나뭇가지로 그 이야기를 써 내려갔습니다.

'오랫동안 잊고 있었던 이야기네.'

이야기를 다 적은 하루는 물레방아와 땅의 글씨가 잘 들어오도록 사진을 찍었습니다. 아름다운 동화 한 페이지가 카메라에 담겼습니다.

XI. JUSTICE

공정 | 이성적 판단 | 냉정 | 법적 이슈 | 정리 | 양자택일

XI. Justice

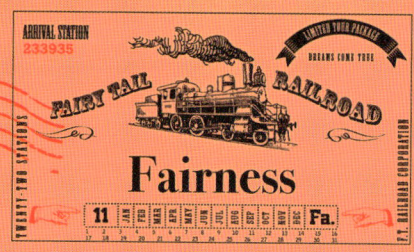

Fairness

정적만이 감도는 제과제빵 학교 교실 안. 22명의 교육생 앞에 22개의 케이크 시트가 놓여 있었습니다.

 22명은 빵 칼을 이용해 케이크 시트의 절반을 자르고 있었습니다. 하루는 교육생들의 모습을 지켜보며 제빵실 안을 천천히 돌고 있었습니다. 열한 번째 교육생 앞에서 걸음을 멈춘 하루는 그 교육생의 동작을 유심히 살펴봤습니다. 제빵실 안은 케이크 실습 때문에 매우 낮은 온도를 유지하고 있었지만 교육생의 이마에는 땀이 맺히기 시작했습니다. 케이크 시트의 절반을 정확히 가르고 있던 빵 칼이 한순간 교육생의 손가락에 상처를 냈습니다. 아파하는 교육생을 보며 하루는 한심하다는 표정을 지었습니다.
 잠시 뒤 하루는 교육생들을 불러 모아서 생크림을 만드는 시범을 보였습니다. 하루 앞에는 생크림 팩, 럼주, 설탕 그리고 저울이 있었습니다. 하루가 교육생들에게 강조한 것은 정확한 계량이었습니다. 하루는 능숙하게 재료들을 계량하고 휘핑기에 넣어 생크림을 완성했습니다. 그리고 미리 커팅되어 있던 케이크 시트에 생크림을 바르기 시작했습니다. 처음 케이크를 다뤄보는 교육생에게 하루의 노련한 [1]아이싱 실력은 감탄 나올 만큼 훌륭했습니다. 하루는 마치 기계가 한 듯 반듯하게 발려진 생크림을 보여주며 자신과 똑같이 아이싱을 완성하도록 교육생들에게 주문했습니다.
 교육생들은 각자 자리로 돌아가 아이싱을 하기 시작했습니다. 하루는 방금 전 자기 앞에서 실수를 한 교육생에게 다가갔습니다. 이미 한번 실수를 했던 탓인지 교육생은 하루가 다시 다가오자 더욱 긴장했습니다. 시간이 지나면서 교

---

1) 아이싱 : 케이크 시트 표면에 생크림을 입히는 과정

육생들이 하나 둘 아이싱을 완성했지만 하루 앞의 교육생은 긴장을 놓지 못하고 수업이 끝날 때까지 결국 아이싱을 완성하지 못했습니다. 교육시간이 끝나자 하루는 실망감을 가득한 표정으로 교육생에게 이야기했습니다.

"내일 처음부터 다시 연습하세요."

교육생은 당장이라도 울 것 같은 표정을 지었습니다. 잠깐 생각하던 교육생은 용기를 내어 하루에게 호소하듯 이야기했습니다.

"선생님, 오늘 실습은 불공평합니다. 선생님이 저만 보고 계셨기 때문에 긴장이 돼서 제대로 연습을 할 수 없었어요."

그 이야기를 들은 하루는 교육생을 잠깐 흘깃 쳐다보더니 아무 대꾸 없이 돌아섰습니다. 교육생의 불공정하다는 이야기는 하루에게는 전혀 통하지 않았습니다. 하루는 본인의 역할대로 교육생들을 지켜봤을 뿐이고 그것은 이 학교의 규칙에 전혀 위배되는 부분이 없기 때문입니다. 하루는 이제까지 정확한 규칙과 기준으로 살아왔다고 자부했습니다. 완벽한 계량이 철칙인 자신에게 오류란 있을 수 없는 것이었습니다.

다음날의 수업을 준비하던 하루는 몇 가지 부족한 재료들을 사러 학교 밖으로 나갔습니다. 하루가 이 학교에서 일한 지 2년이 넘어가고 있었지만 아직도 학교 주변의 풍경은 낯설었습니다. 하루가 살고 있는 도시지역에서 조금 떨어진 농촌에 위치해있었기 때문이었습니다. 그래도 학교 앞에 있는 구멍가게에서는 도시의 웬만한 마트보다 제과제빵 재료들을 더 다양하게 판매하고 있었습니다. 구멍가게에 도착한 하루는 가게 앞에서 딱지치기를 하고 있는 남자아이들을 봤습니다. 딱지치기는 하루에게도 생소한 오래된 놀이였기 때문에 그 광경이 신기했습니다.

다만 딱지치기하는 아이들 사이에서 다툼이 생긴 것 같았습니다. 하루의 눈에는 유독 많은 딱지들을 갖고 있는 한 아이가 보였습니다. 그 한 아이에게 나머지 아이들이 따지는 걸 보니 왜 다툼이 일어났는지 하루는 대충은 알 수 있었습니다. 하루는 평상에 앉아 아이들의 다툼을 본격적으로 지켜봤습니다. 아이들은 어른을 보자 자기들의 억울함을 토로하듯 말하기 시작했습니다.

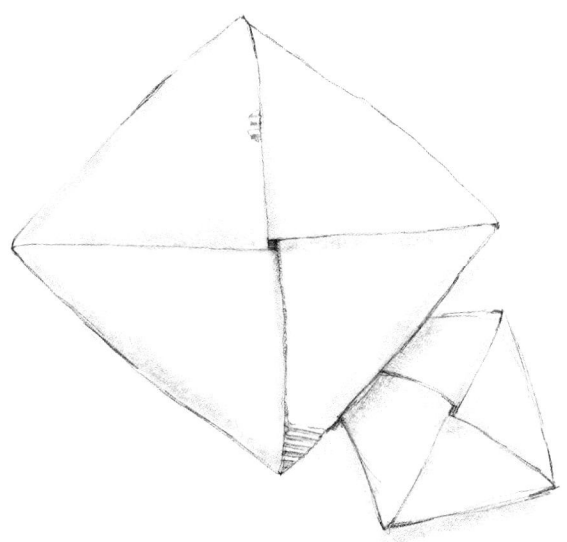

XI. JUSTICE

"저 자식이 맨날 박스로 딱지를 만들어 와서 우리 딱지를 몽땅 따가요..."

하루가 아이들의 말을 듣고 그 아이의 딱지를 봤습니다. 아이가 매고 있는 가방 안에 한가득 골판지로 만든 두툼한 딱지가 들어가 있었습니다. 하루의 생각에도 그런 두꺼운 딱지라면 다른 아이들의 연약한 딱지로는 승부가 안될 것 같았습니다. 눈물 자국이 선명한 몇몇 아이들을 보니 하루도 가여운 마음이 들었습니다. 그때 두꺼운 딱지의 아이가 당당하게 말을 했습니다.

"우리집에 박스가 많아서 그걸로 만든 건데 그게 왜 잘못인데? 너네들도 억울하면 두꺼운 종이로 만들던지!"

그 아이의 당당함 앞에서 다른 아이들은 하루에게 도움을 요청하는 눈길을 보냈습니다. 하지만 하루 역시 아이의 말을 듣고 당황하긴 마찬가지였습니다. 그 아이의 말에는 틀린 내용이 없었기 때문입니다. 하루가 알고 있는 딱지치기의 규칙에는 딱지를 어떤 재료로 만들어야 되는지 정해진 게 없었기에 그들의 승부는 공정하게 이루어졌다고 생각했습니다.

딱지를 모두 휩쓸어 담은 아이는 구멍가게 안으로 들어갔습니다. 그리고 가게 한편에 쌓여있는 박스들을 가지고 들어갔습니다. 알고 보니 그 아이는 가게 주인의 아들이었고 다른 아이들보다 두툼한 골판지로 딱지를 만들기 더 쉬운 환경이었습니다.

아이들의 도움을 요청하는 시선은 곧 원망의 시선으로 바뀌어 하루를 향하고 있었습니다. 하루 역시 감정은 그 아이들 편이었지만 감정 쪽으로 저울이 기울어질 때마다 하루 안에 무언가가 저울을 억지로 수평으로 만들었습니다. 하루는 지금 느껴지는 감정과 이성의 불협화음이 뭘까 고민했습니다. 그리고 모든 규칙들이 다 완벽할 수 없다는 생각을 했습니다. 그러자 오전에 억울해하던 교육생이 생각났습니다.

구멍가게 앞에서 하루는 당장 필요했던 것보다 좀 더 넉넉하게 재료들을 구입하기로 결정했습니다. 학교로 돌아온 하루의 손에는 박스째로 구입한 재료들이 들려있었습니다. 그리고 가게 주인에게 부탁해서 남은 박스까지 몽땅 들고 왔습니다. 하루는 재료들을 빠르게 정리한 후 박스들로 딱지를 만들기 시작했습니다. 그 정도 양이면 아이들에게 모두 나누어줘도 충분해 보였습니다.

  다른 날보다 꽉 찬 일정을 마치고 집으로 돌아온 하루는 곧 다가올 내일을 상상했습니다. 그리고 억울함을 호소하던 교육생과 아이들을 생각하며 잠에 들었습니다. 하루의 꿈에서는 아무것도 올라가있지 않은 빈 저울이 나왔습니다. 하루는 어디선가 나타난 정령들의 도움을 받아 저울의 영점을 다시 맞추기 시작했습니다.

XII. THE HANGED MAN

개성 | 자신만의 신념 | 고집불통 | 융통성 없음 | 강한 책임감 | 소통 불가

XII. The Hanged Man — Individuality

뜨거운 가을 햇볕이 미영의 목덜미에 내리쬐고 있었습니다.

미영은 땀을 닦으며 조심스럽게 산을 올랐습니다. 미영이 오르는 길은 한때 등산로였음을 흔적으로만 알 수 있는 험한 길이었습니다. 그 험한 길 중간 중간에 누군가의 발자국이 있었습니다. 발자국을 따라가던 미영은 곧 발자국의 주인을 만날 수 있었습니다.

"미영아!!"

소리가 난 곳에는 하루가 커다란 나무 기둥을 부둥켜안고 있었습니다. 몸동작을 보아하니 나무 위로 오르려고 하는 중이었음을 미영은 알 수 있었습니다. 하루는 타고난 유연성과 운동신경으로 험난한 산에서도 마치 제 집처럼 편하게 움직였습니다. 미영은 그런 하루의 신체능력을 볼 때마다 감탄했습니다. 타인이 보면 하루가 이 산골에서 평생을 살아온 사람이라고 생각하겠지만 사실 하루는 이곳에 이사 온 지 얼마 되지 않았습니다. 오히려 미영이 이 지역에서 쭉 살아왔고 하루를 만나기 전까지는 산에 올라올 생각도 안 해봤습니다.

하루는 미영의 손을 잡고 앞장서서 산을 내려갔습니다. 하루의 도움을 받으면 산에 오르고 내려가는 것도 어렵지 않았습니다. 하루는 비쩍 마른 몸에 양 갈래머리 그리고 치마 안에 늘 트레이닝복 바지를 입고 있었습니다. 하루의 외모와 옷차림만 봐도 엉뚱함과 발랄함을 느낄 수 있었습니다. 그런 하루가 이곳에 이사 왔다는 게 미영은 너무 좋았습니다. 친구가 없던 미영에게 든든한 친구가 되어 주었기 때문입니다. 하루와 미영이 다니는 학교는 작은 산골 초등학교였지만 전교생 숫자가 꽤 있었습니다. 타지에서 전학 온 하루를 반 아이들은 어색해했고 하루가 미영과 친해지자 다른 아이들은 미영과 함께 하루도 따돌리기

XII. THE HANGED MAN

시작했습니다. 하지만 늘 낙천적이었던 하루는 반 아이들의 그런 행동에 전혀 개의치 않았습니다.

산을 내려오면서 하루는 미영에게 산에서 본 것들을 이야기하곤 했습니다. 하루에게 산은 모험의 장소였고 늘 그곳에서 특별한 무언가를 만나길 기대했습니다.

"미영아. 나 오늘… 정말 신기한 새를 봤어. 온몸이 엄청 하얗게 빛나고 꼬리도 긴 게 너무 멋있더라."

미영은 하루가 이야기하는 새를 상상해 봤습니다. 아무리 생각해 봐도 그런 모습의 새를 미영은 본적이 없었고 들어본 적도 없었습니다. 만약 하루가 정말 그런 모습의 새를 봤다면 드디어 하루가 바라왔던 특별한 무언가를 발견한 날일 것입니다. 하지만 미영은 평소에 하루가 엉뚱한 말을 많이 해왔다는 걸 감안하면서 그녀의 말을 반쯤은 흘려들었습니다. 그때 하루와 미영은 같은 반 친구들과 맞닥뜨렸습니다. 아이들은 하루와 미영을 보고 속닥거리며 웃기 시작했습니다. 미영은 아이들의 웃음소리에 의기소침해졌지만 하루는 큰 소리로 아이들에게 인사를 했습니다. 하루의 인사에 아이들은 대꾸 없이 그들을 지나쳐갔습니다.

그날 이후 한 달 동안 하루는 자기가 봤던 환상적인 새 이야기만 했습니다. 하루는 그 새가 다시 보고 싶어서 그날과 같은 시간, 같은 나무 위에 올라서 기다려봤지만 새를 다시 볼 수는 없었습니다. 아이들은 그런 하루를 더욱더 피하기 시작했습니다. 미영이도 하루가 하얀 새 이야기는 그만 하기를 바랐습니다. 학교에서 자신과 하루가 점점 동떨어져 간다는 느낌이 들었기 때문이었습니다.

어느 날 수업이 끝나고 담임선생님이 하루를 불렀습니다. 같이 하교하려던 미영은 학교 운동장 모래밭 앞 의자에서 하루를 기다렸습니다. 긴 시간이 지나고 하루가 학교 밖으로 나왔습니다. 미영은 하루가 선생님과 무슨 이야기를 나눴는지 무척 궁금했습니다. 그런 미영의 궁금증을 하루는 이미 알고 있었는지 먼저 말을 하기 시작했습니다.

"선생님께서 나보고 체조선수를 하는 건 어떤지 물어보셨어. 그런데 나… 사실 이전에 다니던 학교에서도 체조를 했었거든."

미영은 하루의 이야기를 듣고 나니 하루의 유연성과 놀라운 운동신경이 이제야 이해가 됐습니다. 하루는 이야기를 마치고 자신의 트레이닝 바지를 걷어 무릎을 미영에게 보여줬습니다. 하루의 무릎을 본 미영은 깜짝 놀랐습니다. 정강이와 맞닿은 부분부터 허벅지까지 흉터가 길게 나 있었던 것입니다. 미영은 하루가 이제까지 꼭 긴 바지를 입었던 이유가 이것 때문이었을 수도 있겠다는 생각을 했습니다. 하루는 말을 더 잇지 못했지만 미영은 하루 무릎의 흉터만 봐도 어떤 사연이 있었을지 예상이 되었습니다. 미영은 이제까지는 몰랐던 하루의 또 다른 이야기에 그녀가 안쓰러워졌습니다. 그러곤 하루에게 우정의 포옹을 건넸습니다.

"그런데 미영아. 나 왠지 이제는 체조를 다시 시작해도 될 것 같다는 생각을 했어. 내가 산에서 나무를 오를 때마다 점점 다리에 힘이 잘 들어가는 느낌이 들거든. 완벽하진 않지만 내 다리가 회복되었을 수도 있을 것 같아."

그 이야기를 들으니 미영은 안도감이 들었습니다. 하루의 다리가 회복되어 멋진 체조선수가 되기를 진심으로 바랐습니다. 말을 마친 하루는 벤치 앞에 있는 철봉에 능숙하게 매달린 다음 이제까지 보여준 적 없었던 화려한 체조 동작을 이어갔습니다. 미영은 하루를 보며 인간의 몸이 어떻게 저렇게 움직일 수 있는지 그저 감탄만 했습니다.

그날 이후 하루는 병원에 다니며 자신의 다리 상태를 체크했습니다. 그리고 학교 수업이 끝나면 운동장 구석에 있는 철봉에 거꾸로 매달려 있곤 했습니다. 그 모습을 지켜만 보던 미영도 언제부터인가 함께 매달리기 시작했습니다. 운

XII. THE HANGED MAN

　동을 전혀 안 하던 미영은 그 동작이 처음에는 힘들었지만 점점 익숙해지는 걸 느꼈습니다.
　"미영아! 이제는 선생님에게 체조를 할 수 있겠다고 말씀드려도 될 것 같아."
　거꾸로 매달려 있던 하루가 미영에게 말했습니다. 미영은 하루를 보며 엄지를 치켜세웠습니다. 그때, 둘은 멀리 산에서부터 몸이 빛나고 있는 하얀 새가 날아오는 모습을 발견했습니다. 하루가 이야기했던 모습 그대로 온 몸이 밝게 빛나고 있고 꼬리가 길었습니다. 그새는 하루와 미영이 매달려있는 철봉으로 곧장 날아왔습니다. 가까이에 온 새를 보니 놀랍게도 하얀색이 아니었습니다. 오히려 까마귀처럼 온몸이 검은색이었습니다. 다만 반짝이는 털의 윤기에 빛이 반사되어 밝게 빛나고 있었던 것이었습니다. 새는 철봉을 지나쳐서 날아가 버렸습니다. 둘은 새를 보기 위해 철봉에서 내려왔습니다. 하루의 멋진 착지 동작은 무릎에 그 어떤 통증도 없다는 걸 증명하고 있었습니다. 둘은 새가 날아간 쪽 하늘을 봤지만 새는 보이지 않았습니다. 하루와 미영은 잔뜩 흥분한 표정으로 서로를 쳐다봤습니다.
　다음날 학교 체육시간 운동장에 모인 아이들 사이에서 하루와 미영이 떠들썩하게 검은 새 이야기를 하고 있었습니다. 아이들은 늘 그렇듯 둘을 흘겨봤습니다. 하지만 둘은 남의 눈초리는 전혀 신경 쓰지 않았습니다. 둘의 밝은 분위기는 오히려 다른 아이들을 기세로 눌러버리는 듯했습니다. 철봉 앞에 서 있던 선생님이 하루를 불러냈습니다. 하루는 반 아이들 앞에서 멋진 체조 동작을 시범 보였습니다. 철봉을 잡고 빙빙 도는 하루를 보고 있는 반 아이들은 입을 다물 수 없었습니다. 그저 미영만이 큰 소리로 하루를 응원했습니다.
　"날아라!! 하루야!!"

스물두 가지의 하루

XIII. DEATH

도약 | 죽음 | 변화 | 운명 | 종결 | 이별 | 퇴사 | 취업

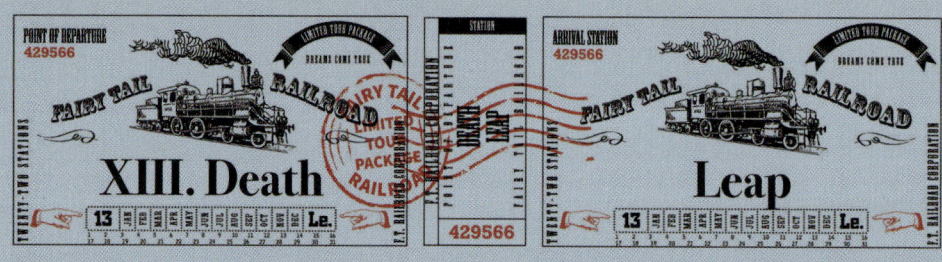

"열차, 종착역에 도착했습니다.
승객분들은 빠진 물건이 없는지
잘 확인하시고 하차해 주시기 바랍니다."

　잠시 눈을 붙이고 있던 하루는 안내방송에 놀라 잠에서 깼습니다. 다른 승객들은 분주하게 짐을 챙기며 내릴 준비를 하고 있었습니다. 하루는 작은 가방 하나만을 들고 사람들 사이를 빠져나와 기차에서 내렸습니다. 기차역 밖으로 나오자 하루에겐 생경한 풍경이 펼쳐졌습니다. 산과 하늘 그리고 차가 가끔 지나가는 도로만이 보이는 것의 전부였습니다. 잠시 멍하니 서있던 하루 옆으로 사람들이 묵직한 짐을 들고 나오기 시작했습니다. 그러곤 곧바로 마중 나와 있던 차를 타고 하나 둘 그 자리를 떠났습니다. 하루는 벤치에 앉아서 언니가 보낸 문자를 확인했습니다.
　'오늘 일을 빼지 못해서 늦게 나갈 것 같아. 근처 카페에서 잠깐만 기다려.'
　하루가 가진 것이라곤 어깨에 메고 있는 작은 가방뿐이었습니다. 그런 하루에게는 카페에 들어가는 것마저도 사치였습니다. 하루는 벤치에 앉아 그저 지는 해를 바라보고 있었습니다. 석양의 빛이 전봇대에 크게 펼쳐져 있던 거미줄을 비추었습니다. 거미줄은 마치 그곳을 지배하는 황제의 성처럼 아주 크고 견고했습니다. 주변의 날벌레들에게는 사신이나 다름없는 공포의 존재였을 겁니다. 하지만 초겨울의 차가운 바람에 거미줄의 주인은 이미 죽어있었습니다. 분명 여름 동안 자신의 위용을 과시하며 그곳을 지배하고 있었을 존재는 자기의 거미줄에 돌돌 말려 다리를 오므린 채로 초라하게 매달려 있었습니다. 그 광경을 보니 하루는 마치 자기의 모습 같은 느낌이 들었습니다.
　"여기서 계속 기다리고 있었던 거야?"

스물두 가지의 하루

XIII. DEATH

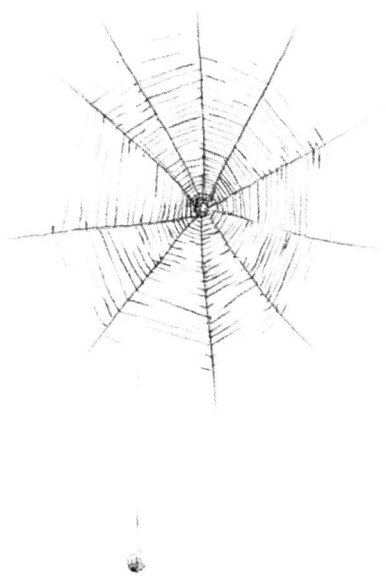

　어두움이 짙게 드리워진 기차역 광장에 언니가 차를 타고 막 도착했습니다. 언니는 추운 날씨에 밖에서 오랜 시간을 보낸 하루를 보며 깜짝 놀랐습니다. 게다가 하루는 가죽 재킷 하나만 걸친 가벼운 차림이었습니다. 잔소리를 늘어놓으려던 언니는 꾹 참고 하루를 차에 태웠습니다. 하루는 언니가 건넨 담요를 받아 몸에 두르고는 말없이 창밖만 바라봤습니다. 언니는 이미 하루가 겪은 일을 잘 알고 있었기에 별다른 질문을 하지 않았습니다. 20대 중반의 어린 나이에 사업을 하던 하루는 큰 실패를 겪었습니다. 그 실패로 하루는 믿었던 친구와 오랫동안 모아온 재산까지 전부 잃었습니다. 머물 곳마저 없어진 하루가 도움을 청한 것은 부모님이 아닌 언니였습니다.

　하루는 언니의 집으로 향하는 차 안에서 멍하니 멀리에 있는 강을 바라봤습니다. 갑자기 흐려진 날씨에 강에는 안개가 자욱하게 끼어있었습니다. 그 모습은 환상적인 풍경이었지만 동시에 우울하고 무섭기도 했습니다. 하루는 문득 이제야 언니가 사는 집에 처음 왔다는 것에 미안함을 느꼈습니다. 사업이 바쁘다는 이유로 집들이를 미뤄왔었는데 그 사업이 실패하고 나서야 이렇게 신세를 지러 왔다는 사실이 비참했습니다.

"미안해…"

적막을 깨는 하루의 말에 언니는 백미러로 하루를 봤습니다.

"뭐가?"

대화가 끝나기 전에 하루와 언니는 집이 있는 마을로 들어섰습니다. 마을 입구 가로등 아래에서는 동네 아이들이 땅따먹기 놀이를 하고 있었습니다. 분필로 삐뚤빼뚤하게 그린 바닥에 소리를 지르며 신나게 외발로 뛰어다니는 아이들의 모습이 보였습니다. 깜깜한 밤이 되자 가로등 밖의 주변 풍경은 전혀 보이지 않았지만 창틈으로 들어오는 나무 태우는 냄새와 흙냄새 그리고 도시에서는 보기 힘들었던 아이들의 땅따먹기 놀이까지, 하루는 이제야 멀리 떠나왔다는 실감이 났습니다. 그리고 언니에게 말로만 들었던 그 집에 도착했습니다. 언니가 해왔던 말처럼 멋진 2층 집이었습니다. 하루는 2층 방에 자신의 전 재산인 가방을 놓았습니다. 방에는 침대와 빈 책상 하나만이 덩그러니 놓여있었습니다. 원래 형부가 쓰던 서재였는데 하루를 위해서 깔끔하게 비워냈다고 했습니다.

언니 집에 도착하자 잊고 있었던 여러 일들이 떠오르며 하루는 괴로워졌습니다. 그때 창문 밖으로 말의 울음소리가 들렸습니다. 하루가 말의 울음소리를 실제로 들은 것은 이번이 처음이었습니다. 신기함에 창문 밖을 살펴봤지만 시골의 밤은 깜깜할 뿐이었습니다.

하루는 언니 집에서의 첫날밤에 제대로 잠을 잘 수가 없었습니다. 몸을 뒤척이던 하루는 침대에서 나와 책상에 앉았습니다. 점점 묵직해지던 구름은 밤새 비를 뿌리더니 해가 뜰 무렵이 되자 슬슬 그치고 있었습니다. 하루는 새벽 공기를 맡으러 밖으로 나갔습니다. 안개가 잔뜩 껴있었지만 어젯밤보다는 더 많은 풍경이 보였습니다. 하루는 길을 따라 걸어봤습니다. 언니 집에서 조금 떨어진 곳까지 가자 그곳에 말 사육장이 있었습니다. 말 한 마리가 하루를 보고 멀리서부터 달려왔습니다. 갈기를 휘날리며 멋있게 달려오는 말을 보자 하루는 저절

XIII. DEATH

로 미소가 지어졌습니다. 기차에서 내린 뒤에 처음 지어보는 미소였습니다. 하루는 가까이 다가온 말의 모습을 이리저리 살펴봤습니다. 말의 크고 맑은 눈동자에는 라이더 재킷을 입은 중성적인 모습의 하루가 서있었습니다. 자신의 모습을 보고 있던 하루는 한때 멋진 오토바이를 타고 달리던 시절을 떠올렸습니다. 타인의 눈치를 보지 않고 자신의 삶을 충실하게 즐기던 시절이었습니다. 그 시절을 되새겨보니 그렇게 오래전도 아니었습니다. 고작 1~2년 전만 해도 자신은 그렇게 많은 것을 가지지 않았다는 것을 새삼 깨닫게 됐습니다.

   어제부터 하늘을 덮고 있던 구름에 살짝 틈이 생겼습니다. 그 틈 사이로 빛이 내리고 있었습니다. 멀리 하루가 어제 보았던 그 무서운 강도 보였습니다. 하루는 말을 타고 강가를 달리는 멋진 자신의 모습을 상상했습니다. 안개로 한 치 앞도 안 보이는 강이지만 하루와 말은 그저 달릴 뿐이었습니다. 그 강가에는 땅따먹기를 하고 있는 자신과 친구들도 있었습니다. 가장 많은 땅을 얻었다고 기뻐하는 자신의 모습을 말위에서 바라보니 하찮아 보였습니다. 땅에 그어 놓은 네모 칸 위에서 경쟁하는 모습은 그저 아이들의 사소한 놀이일 뿐이었습니다.

   잠깐의 산책을 마친 하루는 언니와 형부가 깨지 않게 조용히 2층으로 올라갔습니다. 그리고 작은 가방 안에 들어가 있던 수첩 하나를 꺼내어 빈 책상에 올려놓았습니다. 이제까지 하루가 쭉 사용했던 오래된 수첩이었습니다. 잠시 수첩을 만지작거리던 하루는 침대로 돌아가 간밤에 못 이뤘던 잠에 들었습니다. 책상 위 수첩에는 새로운 페이지가 펼쳐져 있었습니다.

스물두 가지의 하루

XIV. TEMPERANCE

신중 | 절제 | 이동수 | 주어진 선택권 | 고민

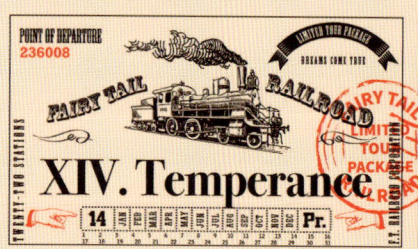

작은 텃밭,
어린 소녀 하나가 슬프게 울고 있었습니다.

소녀의 품에는 동그란 모양의 어항이 안겨져 있었고 그 안에는 은색 빛의 송사리 한 마리가 활발하게 헤엄치고 있었습니다. 소녀는 주머니에서 고이 접어 온 종이 하나를 꺼냈습니다. 소녀가 종이를 펼치니 안에는 이미 생기를 잃고 하얗게 변한 송사리 두 마리가 있었습니다. 소녀는 텃밭 구석에 작은 구덩이를 파고는 송사리 두 마리를 묻어주었습니다. 그리고 주변에 놓여있던 나뭇가지로 어설프게 십자가를 만들고 송사리 무덤 앞에 세워두었습니다. 작은 무덤 앞에 소녀는 무릎을 꿇고 어항 안의 송사리와 함께 떠나간 두 친구를 기리는 장례식을 열었습니다.

"미안해. 친구들아."

소녀는 나지막이 말하고는 두 친구를 위해 기도를 했습니다. 두 눈을 꼭 감고 한참 동안 기도하고 있던 소녀의 어깨를 누군가가 살짝 두드렸습니다. 소녀는 눈을 뜨고 뒤를 돌아봤습니다. 뒤에는 키가 큰 여자가 서있었습니다. 소녀는 처음엔 유치원 선생님이라고 생각했지만 자세히 보니 처음 보는 언니였습니다.

"왜 울고 있니?"

언니의 물음에 소녀는 진정되었던 마음이 다시 슬퍼지는 걸 느꼈습니다. 목이 메어 말소리가 잘 나오지 않았지만 소녀는 꾸역꾸역 세상을 떠난 송사리 친구들의 이야기를 했습니다.

"얼마 전에 아빠가 물고기들을 선물해 줬어요…. 그런데… 분명 어항에서 잘 살고 있었는데…"

소녀는 어항에 남은 한 마리의 송사리를 보여주며 말을 잇지 못했습니다. 언

XIV. TEMPERANCE

니는 소녀의 머리를 쓰다듬으며 위로해 줬습니다. 그리고 소녀 앞에 작은 무덤에 손을 얹고 떠나간 두 생명을 추모했습니다. 아까 전에 소녀가 했던 것처럼 두 손을 모아 송사리들을 위한 기도를 하고는 언니가 소녀에게 말했습니다.

"우리에게는 사소해 보이는 일이지만 이 친구들에게는 물이 정말 중요해. 아무리 깨끗한 물이라도 원래 살던 곳의 물과 다르다면 이 작은 친구들은 견디기 힘들거든."

언니의 말이 소녀는 전혀 생각지도 못했던 것이라 입을 다물 수가 없었습니다. 물고기들을 위해 깨끗한 물이 담긴 어항을 준비해 줬는데 그게 어쩌면 물고기들을 해쳤을 수도 있다니… 충격을 받은 듯 한 소녀에게 언니는 물고기에게 어떻게 물을 준비해 줘야 하는지를 말해줬습니다.

"물고기들을 위해서는 물 맞댐을 해야 해. 물고기들을 원래 살던 물에 잠시 넣어두고는 새로 이사할 어항의 물을 조금씩 넣어주는 거야. 아주 조금씩 말이야."

언니의 말을 들은 소녀는 어항 속 남은 송사리를 보며 다시는 실수하지 않겠다고 다짐했습니다. 문득 소녀는 언니가 누군지 궁금해졌습니다.

"그런데… 언니는 누구예요?"

소녀의 질문에 언니는 무슨 대답을 해야 할지 몰랐습니다.

"난…음… 그냥 하루야."

하루가 웃으며 대답하자 소녀는 뭔가가 떠올랐습니다. 소녀가 동네에서 정말 좋아하는 장소… 마치 꿈속처럼 노란 붓꽃과 들꽃이 예쁘게 펴있는 연못…

"하루 연못?!"

소녀의 말에 하루는 웃으며 고개를 끄덕였습니다. 하루는 소녀의 손을 잡고 함께 하루 연못을 향해 갔습니다. 마을에서 조금 떨어진 곳에 포장이 안된 흙길을 따라 들어가면 널찍한 들판이 있고 그곳에 '하루 연못'이라고 적힌 나무판자가 꽂혀있는 작은 연못이 있었습니다.

연못 안에는 햇빛에 반사된 송사리들의 비늘이 반짝이고 있었습니다. 송사리들은 소녀를 보자 황급히 돌 틈으로 숨었습니다. 하루 연못은 평소에도 이쁜 곳이지만 왜인지 이번엔 더 아름답게 느껴졌습니다. 꽃 사이로 날아다니는 벌레들도 마치 요정처럼 보였습니다. 아마도 연못의 주인인 하루 언니와 함께 와서이지 않을까 소녀는 생각했습니다.

"하루 언니가 이 연못을 만든 거예요? 정말 대단해요! 언니."

하루는 소녀의 어깨를 감싸며 연못 앞에 앉았습니다. 겁을 먹고 돌 틈에 숨어 있던 송사리들이 시간이 지나자 조금씩 밖으로 나오기 시작했습니다. 연잎 아래에서는 가재들이 송사리들을 지키겠다는 듯이 소녀를 향해 큼지막한 집게발을 치켜들었습니다. 하루는 소녀 품에 있는 어항에 연못의 물을 떠서 몇 방울 떨어뜨려 넣었습니다.

"물 맞댐은 이렇게 하는 거야. 이렇게 새로운 물에 물고기가 아주 조금씩 적응하도록 도와주는 거지."

소녀는 하루를 따라서 어항 속에 물을 넣어봤습니다. 그 모습을 보던 하루가 말했습니다.

"조급하게 하면 안 돼. 아주 천천히… 물고기가 새로운 물을 받아들일 수 있도록…"

하루의 조언을 받으며 소녀는 어항 속 송사리에게 연못의 물을 조금씩 넣어줬습니다. 송사리도 조금씩 연못의 물에 적응을 해가고 있었습니다.

"하루 언니… 나… 이 물고기가 연못 안에 친구들이랑 함께 지냈으면 좋겠어요. 여기에서는 많은 친구들과 놀 수도 있고 가재 친구들이 지켜줄 테고…"

하루가 웃으며 고개를 끄덕이자 소녀는 천천히 어항 안의 송사리를 연못으로 옮겼습니다. 송사리는 연못에 들어가자 친구들을 향해 신나게 헤엄쳐갔습니다. 순식간에 무리 속으로 들어가 어떤 송사리가 소녀의 송사리인지 구분하기 힘들

XIV. TEMPERANCE

어졌습니다. 소녀는 어항 안에 꾸며놓았던 소라 껍데기와 여러 돌멩이들도 연못 한구석에 장식해두었습니다. 소녀는 갑자기 나타난 하루 언니가 천사가 아닐까 생각했습니다. 소녀의 기도를 듣고 하늘에서 내려온 천사… 소녀가 뒤를 돌아 하루를 봤습니다. 하루의 등 뒤에 밝게 빛나는 날개가 소녀에게 분명히 보였습니다.

스물두 가지의 하루

XV. THE DEVIL

해방 | 강한 욕구 | 본능 추구 | 쾌락 | 불륜 | 횡재 | 집착 | 질긴 인연

XV. The Devil

Liberation

하루의 뒤척임이
한밤의 고요함을 깨고 있었습니다.

　몸은 마치 줄에 감긴 듯 움직이질 못하고 고개만 연신 좌우로 흔들던 하루는 나지막한 비명과 함께 눈을 떴습니다. 그리고 온몸을 휘감는 공포심에 재빨리 스탠드를 켰습니다. 하루는 침대 한편에 앉아 마음을 진정시키고 있었지만 악몽의 여운은 길었습니다. 감정이 정리되자 하루는 다시 침대에 누워 아까 악몽을 되새겨봤습니다. 악몽의 대부분은 이미 머릿속에서 지워졌지만 마지막 장면만은 또렷하게 남아있었습니다. 마치 꼭두각시 인형처럼 사지가 줄에 묶여 꼼짝도 못 하고 있던 자신의 모습. 그리고 줄을 쥐어 잡은 악마의 형상. 악몽의 마지막 장면은 시간이 지나도 소름 돋았습니다.

　한바탕 소동에 하루는 정신이 또렷해졌습니다. 요 며칠 동안 잠을 제대로 잘 수가 없었기에 하루는 다시 잠에 들기 위해 정신을 집중했습니다. 하지만 최근에 하루를 괴롭히던 고민들이 다시 떠오르기 시작했습니다. 그 고민들이 떠오르면 도저히 잠을 이룰 수가 없었습니다. 고민에 해답이라도 있다면 좋겠지만 하루의 고민들은 그저 미래에 대한 막연한 불안감이었습니다. 고민이 시작되면 하루의 손과 발에서부터 땀이 나기 시작했습니다. 그건 마치 염소가 호랑이를 보고 도망가려고 몸에 예열을 하는 것 같았습니다. 아무리 생각해도 답은 나오지 않고 하루의 고민은 꼬리에 꼬리를 물며 밤새도록 이어지곤 했습니다.

　방금 전에 가위눌림도 최근의 스트레스 때문일 거라고 하루는 생각했습니다. 하루는 악몽 속에 등장했던 악마의 얼굴을 떠올려봤습니다. 꿈속에서 분명 아는 얼굴이라고 느꼈기 때문에 문득 그 얼굴이 누구의 얼굴이었는지 궁금해졌습니다. 하루는 지인들을 떠올려서 악마의 얼굴과 대조해 봤습니다. 악마의 자리

XV. THE DEVIL

　에 대입시켜도 이상하지 않을 사람들이 자신의 주변에 굉장히 많다는 걸 느꼈습니다. 하루를 괴롭게 하는 사람들… 사회에서 만나는 수많은 관계들… 그러나 꿈속의 그 얼굴이라고 느껴지는 사람은 없었습니다.

　사람들을 생각하니 그 사람들과의 일화까지 떠올랐습니다. 하루의 마음은 점점 더 복잡해지고 우울해졌습니다. 하루는 어서 잠에 들고 싶었습니다. 아침이 돼서 잠에서 깨면 이런 고민과 감정들은 모두 사라질 것을 알고 있기 때문이었습니다. 이 고민들은 늘 밤에만 찾아왔습니다. 태양 아래 당당한 자신의 모습을 생각하며 하루는 심호흡을 했습니다. 고민으로 밤을 지새운다는 것을 상상하기 힘들 정도로 사람들 사이에서 밝은 하루의 모습. 그때 하루는 악마의 얼굴이 생각났습니다.

　꼭두각시 인형을 조종하던 악마의 얼굴은 자신과 닮아있었습니다. 그리고 인형이었던 자신의 손에는 줄을 끊을 가위도 있었습니다. 줄을 끊으려 하자 인형극 무대 바닥에서는 끈적끈적한 타르들이 튀어나왔습니다. 타르는 다리를 타고 올라와 커다란 입을 벌려 귀에 달콤한 말을 속삭였습니다. 그 순간 하루는 손에 힘이 풀리더니 꼼짝 못 하는 느낌과 함께 가위에 눌렸던 것이었습니다.

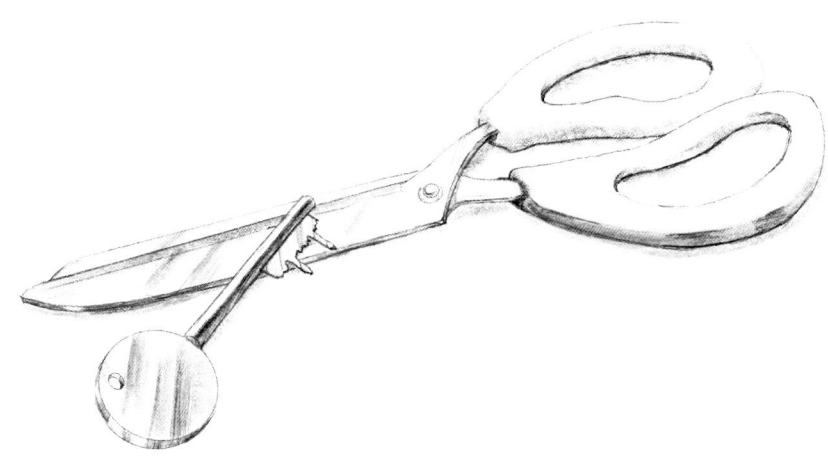

다음날 여전히 잠이 부족한 상태로 깨어난 하루는 짐을 챙기고 있었습니다. 해답이 없던 고민이 어쩌면 꿈을 이루지 못한다는 불안감은 아닐까 생각했기 때문입니다. 안정적인 현실에 안주하며 자신과 맞지 않은 사람들과 치열하게 살면서 나중으로 미뤄두기만 했던 꿈. 하루는 이제까지 누구에게도 말하지 않았던 그 꿈에 도전하기 위해 길을 나섰습니다. 악몽 속에서 가위가 들려있던 하루의 손에는 기차 티켓이 들려있었습니다.

XVI. THE TOWER

반성 | 운명 | 느닷없는 사건 | 거부할 수 없는 이성의 등장 | 예상치 못한 변화 | 불행 | 행운 | 대전환점

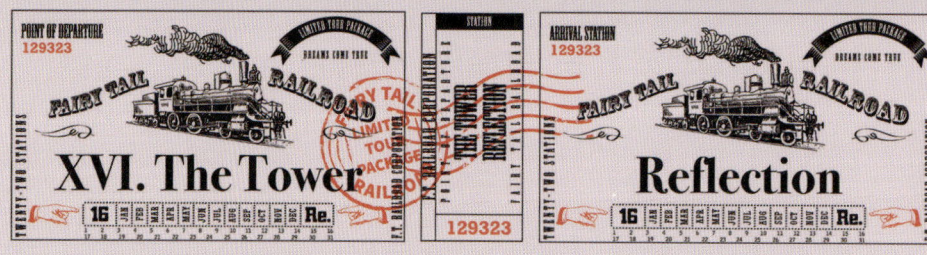

발에 걸리는
날카로운 돌들을 멀리 차며
하루가 투덜댔습니다.

"왜 이런 산으로 정한 거야?!"

하루의 불만 섞인 투덜거림은 끊이질 않았지만 동료들은 그 말을 흘려들으며 등산에 집중했습니다. 흙이 보이지 않을 정도로 돌이 가득한 등산로는 잘못 딛기만 해도 발목이 돌아갈 만큼 험했습니다. 푹신한 낙엽과 흙길을 기대했던 하루는 귀중한 주말을 이런 고생을 하며 보낸다는 사실에 마뜩찮았습니다. 하루의 걸음이 느려지자 동료 전체의 페이스가 떨어지기 시작했습니다.

"목표지점까지 이제 30미터 남았어요. 가장 먼저 도착하는 사람에게 상품 있습니다!!"

누군가의 이 외침은 분명 하루에게 전하는 것이었습니다. 그 말을 듣자마자 축 처져 있던 하루는 속도를 내기 시작했습니다. 불규칙한 지형에 비틀비틀 걷던 그녀의 걸음걸이가 마치 구름 위를 걷는 듯 사뿐사뿐 가볍게 발끝으로 돌 위쪽만을 밟고 있었습니다.

결국 하루가 가장 먼저 목표 지점에 도착하게 됐습니다. 하루는 가쁜 숨을 내쉬면서 바위에 앉았습니다. 목표지점이라고 해봐야 산 중턱에도 닿지 않은 작은 쉼터였습니다. 그곳에서 하루는 산의 가장 높은 봉우리를 바라봤습니다. 보기만 해도 아찔한 절벽이었지만 바위들로 이루어진 절벽은 절경이었습니다. 그 모습을 보자 하루는 방금 전까지의 불만들이 조금은 사라지는 것 같았습니다.

이윽고 동료들이 목표지점에 모이기 시작했습니다. 하루까지 포함해 총 일

XVI. THE TOWER

　곱 명이었던 무리들은 20대 여성으로 구성된 직장인 등산 동아리였습니다. 한 달에 두 번씩 모일 때마다 하루는 일상에서의 스트레스를 몽땅 끌고 와 터뜨리곤 했습니다. 동아리에는 하루의 불만들을 들어줄 사람들도 많고 그다지 높지 않은 산에서 자연경관도 감상할 수 있었기에 하루에겐 늘 기다려지는 시간이었습니다.

　"등산로에 돌이 참 많았죠? 모두들 발목 잘 풀어주시고요. 제가 여기를 이번 코스로 정한 것은…"

　동아리 회장은 말을 꺼내면서 하루를 한번 쳐다봤습니다.

　"이 지역은 보시다시피 돌이 많아요. 그리고 그에 대한 전설이 있답니다. 저 산봉우리에 보이는 멋진 바위에도 다 전설이 있어요. 그 전설들은 이따가 오늘 밤을 보낼 펜션에 도착하게 되면 이야기해 드릴게요."

　동아리 사람들 모두 회장의 이야기를 흥미롭게 듣고 있었지만 하루에게는 관심거리가 아니었습니다. 그저 먼저 도착한 사람에게 준다는 상품 이야기가 언제쯤 나올지 기다릴 뿐이었습니다.

　"그리고 하루씨에게 줄 상품도 펜션에 가면 드릴게요."

　하루의 눈빛을 느꼈는지 동아리 회장이 황급하게 말했습니다. 짧은 등산을 마치고 동아리 일행들은 산 근처에 위치한 펜션으로 이동했습니다. 산과 마을이 이어진 길에는 사람들의 시선을 사로잡는 커다란 나무와 서낭당이 있었습니다. 동아리 사람들 대부분이 서낭당의 실제 모습을 처음 보는 것이었기에 그 신비로운 모습에 감탄을 했습니다. 서낭당 나무 앞에는 나무의 수령과 마을의 전설을 소개하는 안내문이 있었습니다. 동아리 회장은 서낭당 나무 앞에 서서 안내문을 소리 내어 읽었습니다.

　"예부터 이 마을에는 돌에 대한 전설이 있습니다. 마을에 존재하는 모든 돌멩이 하나하나에 생명이 깃들여있다는…"

　동아리 회장의 낭독을 모두들 경청하고 있었지만 하루는 왜 이런 시간 낭비를 하고 있는지 답답해했습니다. 빨리 펜션으로 가서 상품도 받고 씻고 쉬고 싶은 마음이 가득했습니다. 모두들 안내문에 적힌 전설을 듣고 돌멩이를 집어 들며 각자의 감상에 잠겨있었지만 하루에게 이 마을의 돌멩이는 그저 발바닥과 발목을 아프게 하는 장애물일 뿐이었습니다.
　"특히 이곳에 만들어진 소망탑은 마을에 사람들이 정착하기 시작했을 때부터 역사가 이어지고 있으며 이곳에 돌을 얹고 소원을 빌면 그 소원이 이루어진다고 합니다."
　회장의 말을 흘려듣던 하루는 소망탑 이야기가 나오자 갑자기 관심이 생겼습니다. 그 말을 듣고 서낭당 나무 옆을 보니 사람 키보다 훨씬 높은 돌탑 하나가 있었습니다. 오랜 시간 동안 많은 사람들의 돌이 쌓이면서 탑 아래쪽은 면적이 넓었지만 꼭대기로 갈수록 돌의 숫자가 적어지는 형태였습니다. 안내문을 모두 읽은 일행들은 돌 하나씩을 집어서 소망탑에 놓았습니다. 모두 까치발을 들고 최대한 높은 곳에 자신의 돌을 올려놓으려고 했습니다. 하루 역시 필사적으로 까치발을 들었지만 탑의 꼭대기는 너무 높고 또 너무 좁았습니다.

XVI. THE TOWER

펜션에 돌아와서도 하루는 소망탑 생각이 났습니다. 그 꼭대기에 돌을 얹는다면 하루가 소망하고 있던 것들이 이루어질 것 같은 생각이 들었습니다. 결국 하루는 펜션에서 나와 서낭당으로 향했습니다. 산골마을에는 가로등도 몇 개 없어서 매우 깜깜했습니다. 하루는 소망탑에 대한 집착으로 어두운 길에서 결국 서낭당을 찾아냈습니다. 저녁까지 맑았던 하늘은 어느 순간 구름이 끼더니 천둥번개가 치기 시작했습니다. 평소라면 번개의 반짝임에 잔뜩 움츠러들었을 하루는 눈앞에서 내려치는 낙뢰에도 아랑곳하지 않았습니다. 하루는 땅바닥에 수많은 돌멩이를 봤습니다. 핸드폰 플래시를 켜서 그중 가장 아름다운 돌멩이를 고르려 했습니다. 분명 산에서는 거슬릴 정도로 많았던 돌들이 이제 보니 몇 개 없는 것 같았습니다. 하루는 큼지막한 돌을 하나 골라 소망탑으로 다가갔습니다.

소망탑 앞에 선 하루는 발을 들어 소망탑 아래층의 돌들에 디뎠습니다. 하루의 발 디딤에 누군가가 놓았을 돌멩이들이 탑에서 굴러 떨어졌습니다. 하루는 팔을 들어 소망탑 위에 평평한 부분을 찾아 잡았습니다. 그리고 다른 손으로 자신이 놓을 돌을 들어 올렸습니다. 그 돌이 하루의 눈에는 황금처럼 보였습니다. 하루는 순간적으로 소망탑에 매달렸습니다. 그리고 탑의 가장 위쪽에 자신의 돌을 올려놓았습니다. 하루가 돌을 놓고 탑에서 내려오자 탑을 이루고 있던 수많은 돌들도 큰 소리를 내며 바닥으로 떨어졌습니다. 탑의 꼭대기에는 하루의 돌이 있었습니다. 하지만 탑 꼭대기의 면적보다 더 컸던 하루의 돌은 아슬아슬하게 놓여있었습니다.

그 순간 돌탑의 위쪽이 우르르 소리를 내며 무너졌습니다. 하루가 매달리면서 아래쪽에 충격을 줬고 큰 돌을 위에 올려놓으면서 균형이 깨졌기 때문이었습니다. 하루는 무너져 내리는 탑을 손으로 막으며 수습하려 했지만 팔에 자잘한 상처만 입었습니다. 순식간에 눈앞에서 펼쳐진 사고에 하루는 충격을 받았습니다. 그리고 자신을 향할 동아리 사람들과 마을 사람들의 비난을 상상했습니다. 잠시 고민을 했던 하루에게 결론은 딱 하나였습니다. 이미 무너진 돌탑을 수습할 방법은 다른 게 없었습니다. 그저 밤새도록 혼자서 다시 세우는 것 뿐…

XVII. THE STAR

순수함 | 영감 | 매력 | 눈에 띔 | 즐거움 | 불안

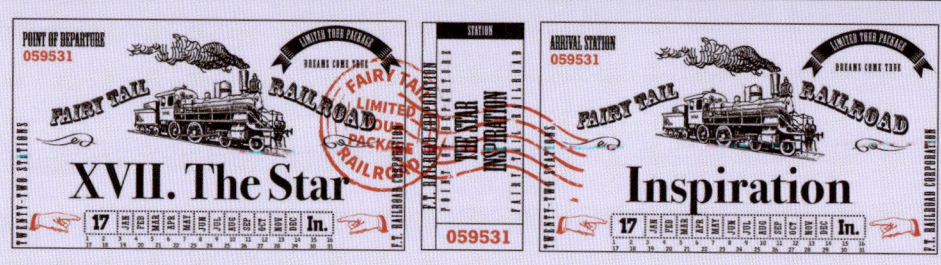

넓은 마룻바닥 위,
작은 몸집의 여성이 거울을 보며
여러 동작을 이어가고 있었습니다.

잔잔한 음악에 다리를 찢어 점프도 하고 제자리에서 회전도 하며 여러 동작들을 보여주던 여성은 마지막에 한 동작을 취하며 마무리했습니다. 오른쪽 다리는 쪼그려 앉듯 굽혀서 땅을 딛고 왼쪽 다리는 2)포인(Pointe) 상태로 하늘로 쳐올렸으며 상체를 뒤로 젖히면서 왼팔로 바닥을 짚고 오른팔을 뒤로 뻗은 그녀의 실루엣은 웬만한 유연성과 균형감각 없이는 취하기 힘든 자세였습니다. 거울 맞은편에서 그 모습을 보던 10명 남짓의 학생들이 조용한 박수를 보냈습니다. 여성은 자세를 풀더니 두 학생을 지목했습니다.

"너는 달… 그리고 넌 별이야."

그 말을 들은 두 학생은 고개를 끄덕이더니 각자 음악에 맞춰 동작을 하기 시작했습니다. 키가 컸던 두 학생의 동작은 아주 화려했습니다. 화려한 학생들의 동작을 보고 있던 다른 학생들도 감탄을 했습니다. 한참을 보고 있던 여성이 손을 들어 두 학생의 동작을 멈추게 했습니다.

"하루야. 너의 테크닉은 더 가르칠 게 없을 정도야. 정말 대단해."

두 학생 중 별을 맡았던 하루는 교수님의 칭찬에 미소를 보였습니다. 하루가 수업 중에 칭찬을 듣는 것은 흔한 일이었습니다. 그랬기에 웬만한 칭찬에도 하루는 크게 반응하지 않았습니다.

2) 포인 : 발등을 펴서 둥글게 만드는 동작

XVII. THE STAR

"현대무용은 단순히 화려한 몸동작만으로 그쳐선 안 돼. 우리가 그 이상의 예술을 하기 위해서 무언가를 표현하고 탐구해가는 것이야. 하루의 별은 정말 예뻤지만… 너에게 별을 표현해 보라고 했을 때 머릿속에는 어떤 별이 떠올랐니?"

교수님의 질문에 하루는 대답을 머뭇거렸습니다. 몸으로 별을 표현하는 것은 쉬웠지만 그걸 말로 하는 건 매우 어려웠습니다. 하루에게 별은 그저 별일뿐이지 그 외에 다른 할 말이 없었기 때문이었습니다. 하루는 수업 중에 처음으로 지적을 받은 기분이었습니다. 분명 오늘 수업에서도 가장 많은 박수를 받은 것은 하루였지만 하루에게는 뭔가 새로운 장벽이 생긴 것 같은 기분이 들었습니다. 수업이 끝나자 하루는 교수님에게 달려가 자기가 느끼고 있는 고민을 이야기했습니다.

"교수님… 오늘 제가 표현했던 별에서 어떤 것을 고치는 게 좋을까요?"

교수님은 하루의 질문을 예상했습니다. 그리고 이 대답이 언젠간 하루에게 꼭 해주고 싶었던 이야기였습니다.

"하루는 곧 큰 무대에 서게 될 거야. 내가 하루를 처음 봤을 때부터 크게 성장할 거라는 것을 알았지. 네가 오늘 표현한 별에는 고칠 게 없어. 내가 말하고 싶은 건 몸동작이 아닌 별에 대한 너의 생각이야.

내가 처음으로 사물을 표현했던 것은 바로 의자였어. 그때는 의자에 앉아보기나 했지 그에 대한 생각을 해본 적이 없었어. 그래서 나의 표현도 어떤 동작으로 앉느냐에 집중되어 있었지. 내 표현이 달라지게 된 건 목공을 하는 친구를 만난 뒤였어. 그 친구는 나에게 의자를 만드는 게 얼마나 힘든 일인지 알려줬거든. 난 하루 네가… 무대에서 더 큰 예술가가 됐으면 한단다."

교수님의 말을 아무리 들어도 하루는 무슨 말인지 와닿지 않았습니다. 그렇지만 선생님은 더 이상 하루에게 해줄 말이 없는 것 같았습니다. 하루는 교수님에게 인사를 하고 집으로 돌아가며 여러 고민을 했습니다.

'별을 공부하라는 말인가?'

하루는 핸드폰을 꺼내 별을 검색했습니다. 가장 먼저 별의 사전적 의미가 나왔습니다.

"스스로 빛과 열을 내는 천체… 이걸 알아서 뭘 하라는 거지?"

하루의 고민은 집에서도 이어졌습니다. 누구보다 무용을 잘 하기 위해서 이제까지 달려왔는데 큰 장벽 앞에 멈춰 선 느낌이 들어 하루의 마음은 점점 조급해졌습니다. 가장 큰 고민은 오늘 자신의 표현에 고칠 것은 없다고 했던 교수님의 대답이었습니다. 다른 사람이었다면 그 대답만으로 위안을 삼았겠지만 누구보다 완벽하고 싶은 하루에게 교수님의 미묘한 반응은 그냥 넘어갈 수 없는 것이었습니다.

하루의 고민은 수업이 없는 주말 내내 이어졌습니다. 하루는 핸드폰으로 별을 검색하고 공부하며 자신의 부족함을 그 안에서 찾으려 노력했습니다. 핸드폰만 뚫어져라 쳐다보는 하루를 보며 아버지가 무슨 일인지 물었습니다. 고민이 많던 하루는 아버지의 질문에 감정을 쏟아내듯 고민을 이야기했습니다. 그러자 아버지가 질문을 했습니다.

"넌 별을 제대로 본적이 있긴 있어?"

그 질문에 하루는 직접 별을 봤던 기억들을 되새겨봤습니다. 서울에 살면서 밤하늘의 별을 보기란 어려운 일이었습니다. 직접 눈으로 별을 본 것을 생각하니 어딘가 놀러 가서 봤던 몇몇 기억들뿐이었습니다. 하루는 아버지를 붙들고 외쳤습니다.

"당장 별 보러 가요!"

하루의 제안에 가족들은 지방으로 드라이브를 갔습니다. 도시와 멀어질수록 하늘에 별은 점점 더 잘 보였지만 여전히 가로등의 불빛은 별빛을 희미하게 만들었습니다. 아버지는 낚시 다니면서 알게 된 장소를 이야기하며 신나했습니

XVII. THE STAR

다. 아버지의 말대로 도착한 곳은 별이 정말 잘 보이는 곳이었습니다. 하늘을 가리는 나무도 얼마 없는 드넓은 들판이었습니다. 하루는 들판 한가운데로 걸어가 하늘을 봤습니다. 들판 가운데에는 작은 연못이 있었습니다. 연못에는 밤하늘이 반사되어 반짝이고 있었습니다. 하루는 신발을 벗고 연못에 발을 담갔습니다. 그 어떤 소음도 없던 이곳에 풀벌레 소리와 두꺼비의 울음소리만이 가득했습니다.

   하루는 그저 고개를 들어 별들에 집중했습니다. 하늘에는 가장 밝은 시리우스 별 외에도 직접 별자리를 그려볼 수 있을 정도로 많은 별들이 선명하게 보였습니다. 하루는 점점 교수님의 말들이 이해될 것 같았습니다. 까만 배경과 반짝이는 별만이 가득한 이곳의 하늘은 우주 그 자체였습니다. 하루는 무중력 공간을 유영하며 별 사이로 오가는 것 같은 느낌이 들었습니다. 하루는 그 느낌을 온전히 몸으로 표현하기 시작했습니다. 은하수에 발을 담그고 별을 향해 달려가는 느낌… 스스로 빛과 열을 내는 천체… 수 억 광년의 거리를 지나 별과 가까워지니 별은 커다란 태양이 되어 있었습니다.

   '멀리서 볼 땐 작은 별빛이지만 사실 굉장히 거대한 존재…'

   하루의 부모님들은 멀리서 하루가 펼치는 멋진 안무를 보고 있었습니다. 두꺼비들의 하모니가 하루의 춤에 음악이 되어주었습니다. 교수님이 말했던 별은 하루 그 자체였습니다. 첫 수업에서 작은 가능성을 보여줬던 하루 안에는 태양이 감춰져 있었습니다.

스물두 가지의 하루

XVIII. THE MOON

변화 | 과거 | 무의식 | 감춰진 진실 | 불확실 | 불안 | 기다림 | 외국

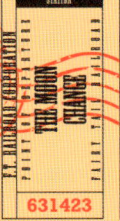

하루가 계획했던 3주간의 휴가 일정도 이제 막바지로 향하고 있었습니다.

하루는 이제 막 경유할 터미널에 도착한 참이었습니다. 버스에서 내리며 하루는 지난 18일 동안의 일들을 생각했습니다. 그동안 하루는 세 명의 친구들 집에서 보냈습니다. 친구들 덕분에 산에서, 강에서, 바다에서 자신을 짓누르던 불안감으로부터 벗어나 웃고 지낼 수 있었습니다. 그리고 남아있는 사흘 동안은 집에서 쉬며 일상으로 돌아갈 생각을 했습니다.

터미널의 전광판은 남아있는 버스 시간표를 비췄습니다. 버스 시간을 보고 하루는 깊은 한숨을 내쉬었습니다. 하루의 집으로 가는 노선은 시간도 여유롭고 좌석도 많이 남아있었지만 도시로 돌아가려 하자 그동안 잊고 있었던 생각들이 하루를 짓눌렀기 때문이었습니다. 18일 동안의 일들은 돌아갈 일상 앞에서 신기루처럼 흩어졌습니다. 하루는 매표기 앞에서 잠시 망설이다가 다시 의자에 앉았습니다. 아직 버스 시간은 많이 남아있었습니다. 하루는 머릿속을 비우기 위해 터미널 밖으로 나왔습니다. 해는 서쪽으로 기울고 있었고 이른 시간부터 보름달이 환한 하늘 가운데에 떠있었습니다.

하루는 휴가 동안 날마다 변해가는 달을 관찰했습니다. 휴가 첫날의 그믐달과 일주일을 보내고 나서 봤던 초승달… 그리고 집으로 돌아갈 오늘은 꽉 찬 보름달… 그때 터미널 앞 정류장에 낡은 시내버스가 섰습니다. 버스가 출발할 시간은 아직 멀었는지 버스 기사는 운전석에서 내려 터미널 안으로 들어갔습니다. 하루는 버스에 다가가 그 앞에 적힌 노선을 봤습니다. 낯선 지명만이 빼곡히 적혀있었지만 하루는 버스에 올랐습니다.

'그래… 아직 3일이 남아있어.'

XVIII. THE MOON

　하루를 태운 버스는 농촌 옆 국도를 따라 달리고 있었습니다. 하루는 창문을 활짝 열어 밖에서 불어오는 저녁 공기를 느꼈습니다. 공기에는 무언가를 태우는 냄새가 실려 있었습니다. 오랜 시간 동안 버스에는 하루 혼자만이 앉아있었습니다. 하루는 가끔씩 고개를 들어 이정표를 봤습니다. 버스의 진행은 우연히도 하루의 집과 방향이 같았습니다. 해는 점점 져서 어두워지고 반면에 달은 더 밝아지고 또렷해졌습니다. 버스가 언덕길로 올라가자 멀리 도시의 불빛이 살짝 보였습니다. 그 순간 하루는 버스에서 내려야겠다고 생각했습니다.

　버스에서 내린 하루 주변은 깜깜한 어둠뿐이었습니다. 그만큼 멀리 보이는 도시의 야경과 달빛은 뚜렷했습니다. 시계를 보니 그렇게 길게 느껴졌던 버스에서의 시간이 고작 20분밖에 안 지났다는 것을 알게 되었습니다. 하루는 너무 대책 없이 행동한 건 아닌지 걱정이 됐지만 일단은 안쪽으로 이어진 길을 따라 걸었습니다. 마을 입구에는 하루를 맞이하는 불빛이 조금씩 보이기 시작했습니다. 마을 초입의 구멍가게를 지나 천천히 걷다 보니 작은 시골 학교와 집들이 보였습니다. 그리고 하루의 눈에 간판 조명이 반쯤은 고장 난 듯 보이는 작은 호텔이 들어왔습니다. 거리는 좀 멀어 보였지만 하루에게는 아주 반가운 광경이었습니다.

　'HOTEL MOON'

　호텔까지의 거리는 보이는 것보다 더 멀게 느껴졌습니다. 하루는 무거운 캐리어를 끌고 완만한 경사를 오랫동안 올라야 했습니다. 겨우 호텔에 도착했을 때 하루는 안도감이 들었습니다. 호텔의 창문을 통해 불이 모두 꺼져있는 것을 보니 투숙객은 아무도 없는 것 같았습니다. 걱정이 잦아들자 하루는 뒤를 돌아 걸어온 길을 봤습니다. 하루는 그제야 생각보다 높은 곳으로 올라왔다는 것을 알았습니다. 그곳에서는 멀리 도시의 야경이 더 잘 보였습니다. 터미널에서 하루를 짓눌렀던 그 도시의 불빛은 멀리서 봤을 때는 참 아름다운 광경이었습니다.

호텔 건물 뒤로는 작은 길이 이어져 있었습니다. 그곳에 밝게 빛나는 초승달 모양 의자 하나가 하루의 눈에 띄었습니다. 하루는 호텔 입구 앞에 짐들을 놓고는 그 길을 따라갔습니다. 의자 앞에는 '포토존'이라고 적혀있는 안내판이 있었습니다. 하지만 그 의자에 사람이 앉아본 것은 오래된 일인지 흙먼지가 가득했습니다. 하루는 대충 흙먼지를 털고는 의자에 앉았습니다. 그곳에서 하루는 홀린 듯 오랜 시간 도시의 야경을 보고 있었습니다. 휴가 동안 이렇게 적막 속에서 사색에 잠기게 된 것은 처음이었습니다. 하루는 핸드폰을 켜서 사진을 봤습니다. 차마 지우고 있지 못했던 사진… 전 애인과 함께 찍은 사진이었습니다. 오랜 세월을 함께 한 사람과 헤어진 뒤로 하루의 일상은 힘든 나날이었습니다. 그 슬픔으로부터 도망가기 위해 긴 시간 휴가를 보낸 것이었습니다.

하루가 살고 있던 도시에는 전 애인과의 추억들이 너무 많았습니다. 그래서 그곳을 생각하면 하루는 견디기가 어려웠습니다. 그저 그곳을 떠나있는 것만이 하루가 할 수 있는 최선이었습니다. 하지만 이제 하루는 도시의 불빛과… 그리고 슬픔의 감정과 정면으로 마주하기로 했습니다. 하루는 핸드폰의 사진을 삭제하며 눈물을 흘렸습니다. 하루의 눈물이 달빛에 반사되어 마치 불꽃처럼 반짝이며 떨어졌습니다. 울고 있는 하루의 주변을 그 불꽃들이 감싸고 있는 듯했습니다. 하루는 휴가 동안 점점 변해간 달의 모습을 바라보며 생각했습니다. 그믐달과 보름달의 모습은 완전히 달라 보이지만 그것을 비추는 각도의 차이일 뿐 달의 본 모습이 변한 것은 아니었습니다. 도시 역시 예전이나 지금이나 그대로이지만 하루가 그걸 어떤 마음으로 비추는지가 차이였습니다. 하루는 이제야 집으로 돌아갈 마음이 생겼습니다.

호텔로 들어가자 아주머니가 하루를 반겼습니다. 하루는 카운터 앞에서 잠깐 고민을 했습니다. 그리고 이곳에서 천천히 돌아갈 준비를 하자고 결론을 내렸습니다.

"안녕하세요. 이틀 동안 머물 거예요."

XIX. THE SUN

순수 | 따뜻함 | 아이 같은 동심 | 미숙함 | 비현실적 사고 | 피터팬

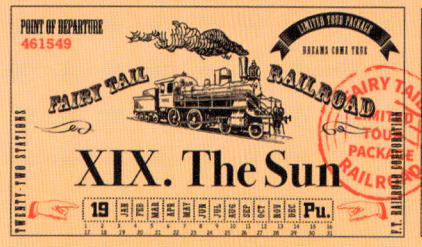  

강렬한 태양빛이 들판에 내리자 노란 해바라기 꽃잎들이 환하게 반짝였습니다.

태양이 주는 양분을 잔뜩 머금은 듯 해바라기 안에는 씨앗이 가득했습니다. 커다란 해바라기 아래에는 시원한 그늘이 드리워져 있었습니다. 그곳엔 다른 생명체들의 세상이 바쁘게 움직이고 있었습니다. 누군가가 모아놓은 해바라기 씨 더미에 온갖 작은 생명들의 잔치가 열리고 있었던 것입니다.

해바라기씨 만찬장에는 산에서 온 다람쥐, 들에서 온 밭쥐, 하늘에서 온 참새 등 여러 동물들이 사이좋게 배를 불리고 있었습니다. 그 풍요로운 광경을 가까이서 하루가 지켜보고 있었습니다. 하루는 작은 몸집의 10대 소녀였지만 앞에서 식사에 여념 없는 생물들에 비해서는 거대했습니다. 하루가 해바라기씨 만찬장 근처로 다가갔지만 동물들은 도망가지 않았습니다. 그 모습은 이 작은 동물들도 하루의 존재를 이미 익숙하게 받아들인다는 뜻이었습니다.

"많이 먹어. 얘들아."

동물들에게 이 만찬을 준비해 준 사람은 바로 하루였습니다. 해바라기씨를 잔뜩 따서 동물 친구들에게 밥을 주는 것이 하루의 일과였습니다. 해바라기는 하루 보다 훨씬 키가 컸기 때문에 씨를 따려면 있는 힘껏 점프를 해야 했습니다. 그 때문에 하루는 탄탄한 다리와 까무잡잡한 피부를 가진 건강한 소녀로 자랐습니다.

배가 부른 참새가 기분이 좋은지 하루 앞에서 재롱을 떨듯 모래 목욕을 했습니다. 다람쥐들은 볼에 한가득 씨를 넣고는 하루를 향해 살짝 코를 찡긋하더니 산속으로 사라졌습니다. 어디서 소문을 들었는지 여러 종의 작은 새들이 만찬

XIX. THE SUN

장으로 날아왔습니다. 만찬장의 공간이 꽉 차자 하루가 씨를 손바닥 위로 올렸습니다. 새들은 익숙하게 하루의 손 위로 올라가 해바라기씨를 먹었습니다.

"하루야~"

어디선가 하루를 부르는 아버지의 목소리가 들려왔습니다. 하루는 일어서서 손을 뻗었지만 해바라기들에 가려져 있었습니다. 만찬을 즐기는 동물들을 뒤로 하고 하루는 해바라기 밭 밖으로 나왔습니다. 그러자 멀리 길 위에 서있는 아버지의 모습이 보였습니다. 하루는 아버지를 향해 반갑게 내달렸습니다.

"안녕! 친구들아. 그리고 고마워. 내일 만나."

하루는 아버지의 손을 잡고 해바라기 밭 바로 옆에 있는 집으로 돌아갔습니다. 아버지는 하루가 늘 해바라기씨를 따서 동물들에게 준다는 것을 알고 있었습니다. 그런데 오늘은 동물들에게 보내는 인사말이 평소와는 다르다는 걸 느끼고 하루에게 물어봤습니다.

"하루야. 방금 누구한테 고맙다고 한 거야?"

하루는 아버지의 물음에 신나게 대답했습니다.

"아빠! 우리 해바라기 밭에 요정 친구들이 있어. 그 친구들이 내가 해바라기씨를 따는 걸 계속 도와준다구! 어쩌면 아빠 농사도 도와주는지도 몰라."

아버지는 하루의 대답에 그저 흐뭇했습니다. 하루의 아기와 같은 순수함은 이 마을의 분위기를 바꿀 정도였습니다. 하루가 태어나기 전 아버지에게 있어서 농사일은 작은 동물들과의 전쟁과도 같았습니다. 직장을 그만두고 귀농을 시작한 첫해에 야생동물에게 큰 피해를 입었기 때문이었습니다. 하지만 하루로 인해서 아버지는 동물들과 더불어 사는 방법을 배워가기 시작했습니다. 아버지를 시작으로 마을의 다른 사람들까지 이런 분위기가 이어졌습니다. 마을에서 하루의 존재는 연예인과 같았습니다. 밝은 에너지와 선한 영향력… 아직 어린 하루이지만 그녀에게는 뭔가 타고난 강렬함이 있었습니다.

하루의 집에는 저녁식사 준비로 분주해있었습니다. 마을 사람들이 모두 하루의 집에 모여서 식사를 하기로 한 날이었기 때문이었습니다. 마당 한가운데 넓은 평상에 커다란 식탁 두 개가 가득 찰 정도로 음식들이 올라왔습니다. 모두 이번 농사의 수확물들로 만든 진수성찬이었습니다. 마을 사람들은 하루가 집으로 돌아오자 반갑게 인사했습니다. 아직 하늘 한편에 걸려있는 햇살이 하루의 집 마당을 따뜻하게 비췄습니다.

XX. JUDGEMENT

보상 | 하늘의 뜻 | 거스를 수 없는 결과 | 인과응보 | 승진 | 이직 | 임신 | 새로운 이성

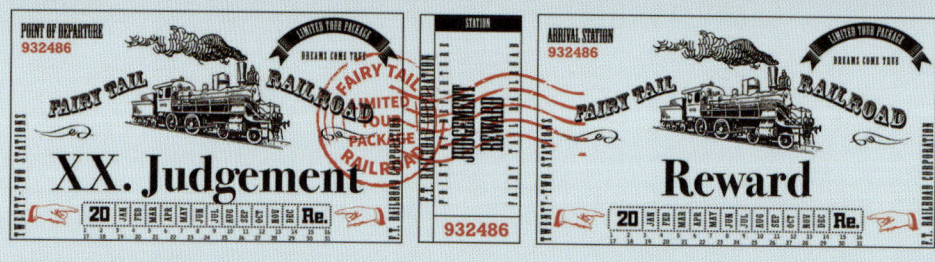

장마가 막 끝난 하늘은
그 어느 때보다도 푸른색이었습니다.

하지만 불안정한 대기에 아직도 구름이 많이 남아있었습니다. 잿빛이었던 구름들은 한껏 비를 뿌리고 난 뒤에 하얗게 태양빛을 산란하고 있었습니다. 구름은 간혹 온 하늘을 덮어서 햇빛을 가리다가도 흩어져서 파란 하늘을 보여주곤 했습니다. 아직 거센 기운이 남아있는 바람에는 맑은 공기가 실려 있었습니다. 힘찬 바람이 꽃과 풀들에 남아있던 빗방울들을 흩뿌렸습니다. 대지는 촉촉하게 적셔져있었지만 공기의 수분은 모두 증발해서 쾌적한 날이었습니다. 숲 한가운데 있던 하루는 깊게 숨을 들이켰습니다. 상쾌한 공기가 하루의 정신을 맑게 깨웠습니다.

하루가 서있는 길 양옆에는 나팔꽃들이 가득 펴있었습니다. 빗물로 한껏 목을 축인 나팔꽃들은 더 선명해진 빛깔을 자랑하며 하늘로 고개를 들었습니다. 붉은색, 흰색, 자주색 등 다양한 나팔꽃의 화려한 색들이 숲을 물들이고 있었습니다. 하루도 나팔꽃을 따라 하늘로 고개를 들었습니다. 나뭇잎 사이사이로 햇살이 내리고 있었습니다. 구름을 한번 투과한 부드러운 햇살이었습니다. 그 은은한 햇빛에 녹색 나뭇잎들에 남아있던 이슬들이 반짝였습니다. 하루의 눈에는 온통 아름다운 광경들이었습니다.

어느새 하루는 숲길 끝에 다다랐습니다. 멀리서는 한 점의 빛이었던 길 끝에 도착하자 커다란 강줄기가 보였습니다. 강은 빗물에 불어나 힘차게 흐르고 있었습니다. 강물이 흐르는 거친 소리가 크게 들렸습니다. 그 소리에 하루는 위압감이 느껴질 정도였습니다. 하지만 커다란 강과 그 뒤에 펼쳐진 산이 만들어낸 풍경은 위압감도 경외심으로 변하게 만들었습니다.

XX. JUDGEMENT

하루가 걸어온 숲길은 강으로 이어져 있었습니다. 하루는 강변의 모래사장으로 이어진 길을 따라 천천히 걸어갔습니다. 길 양옆에 이번엔 녹색 풀들이 가득했습니다. 그곳에서 하루는 들썩거리는 작은 번데기를 발견했습니다. 자세히 보니 근처 풀에 크고 작은 번데기들이 달려있었습니다. 하루는 조심스럽게 번데기 가까이로 접근했습니다. 두 손을 모아 흔들리는 번데기 아래에 살짝 공간을 두고 받쳤습니다. 번데기는 우화를 시작한 지 한참이 지난 듯 이미 많이 벌어져있었습니다. 그 순간 하루는 번데기 안에서 고개를 내민 나비를 만났습니다. 마치 요정처럼 매우 아름다운 나비였습니다. 하루의 얼굴에는 환희와 감동으로 가득한 웃음이 지어졌습니다.

하루는 나비의 우화 과정을 응원하면서 오랜 시간 지켜봤습니다. 하루의 주위에 먼저 깨어난 나비들이 모여들었습니다. 나비들도 마치 동료를 응원하듯 주변을 배회하며 날았습니다.

"힘내... 이제 여정의 막바지야."

강에는 낡은 나룻배 하나가 정박되어 있었습니다. 하얀 페인트칠은 부식되어 조각조각 떨어져 있었고 배 안에는 어제까지 내린 장맛비가 고여 있었습니다. 하루는 배에 살짝 걸터앉아서 구름이 가득한 하늘을 봤습니다. 그리고 하늘을 보며 간절히 기도하던 지난날의 자신을 생각했습니다. 언제나 무언가에 쫓기고 무언가를 잃을까 봐 불안해하며 무언가에 의지하고자 했던 모습의 자신이었습니다.

하루는 작은 시험 결과 하나에도 인생이 좌우된다고 생각했었습니다. 그만큼 오랫동안 준비한 시험에서 떨어지면 모든 게 끝나는 것 같은 생각이 들었습니다. 하루의 불안함이 최고조에 이르렀을 때 그녀는 이곳으로 여정을 시작했습니다. 도저히 시험 결과가 발표되는 날까지 온전한 정신으로 일상을 보낼 자신이 없었기 때문이었습니다. 왜 자신에게는 인내와 의연함이 없는지 스스로를 탓했습니다. 하지만 그런 것들은 의지만으로 해결되는 문제는 아니었습니다.

    도시를 벗어나 느리고 조용한 자연 속에서 하루는 무언가 변화를 느꼈습니다. 긴 시간 동안 천천히 우화를 하던 나비를 관찰할 때처럼 여기저기 작은 세상에서 벌어지는 일들을 보고 난 뒤였습니다. 너무나 사소하게만 생각했던 것들에는 모두 우주가 있었습니다. 작은 바위 틈, 꽃 한 송이, 나무 한그루 안에서도 수많은 사건들과 역사가 있다는 걸 느꼈습니다. 그 작은 우주 안에서도 하루는 현대인들의 사회에 못지않은 온갖 감정들을 느낄 수 있었습니다. 그제야 하루가 이제까지 중요하게 생각했었던 시험들의 결과가 하루의 인생을 좌우하지 않았다는 걸 깨닫게 됐습니다. 그때부터 하루는 지난날 동안 자신을 억누르던 불안, 걱정들을 떨쳐낼 수 있었습니다.

    나룻배에 앉아있던 하루에게 어디선가 나팔소리가 들려왔습니다. 하루는 천천히 핸드폰을 꺼냈습니다. 하루의 시험 결과를 알리는 문자 소리가 우렁찼습니다. 결과를 확인한 하루는 살짝 미소를 지었습니다. 그 시험을 치르기 위해서 공부했던 시간들을 떠올렸습니다. 자신이 좋아하는 것을 알아가는 과정에서 느꼈던 즐거움들을 잊을 뻔했다는 생각이 들었습니다. 그 즐거웠던 기억만큼 하루에게는 만족스러운 결과였습니다. 하루는 길었던 여정을 끝내기 위해 일어섰습니다.

XXI. THE WORLD

다시 시작 | 결론 | 매듭 | 결혼 | 종착지 | 한계 | 터닝포인트

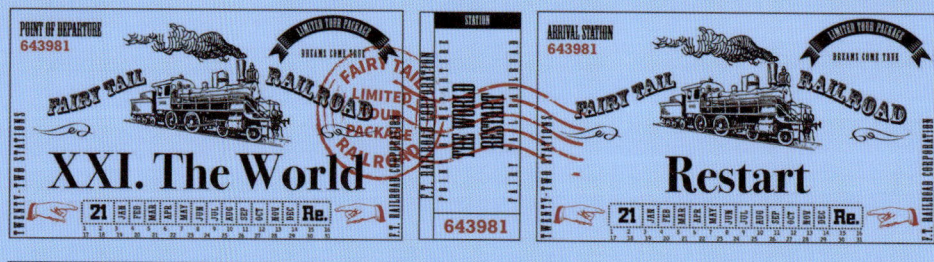

동그란 비행기 창문 밖으로
길게 뻗은 활주로가 보이기 시작했습니다.

　때마침 하루는 무릎 위에 놓인 책의 마지막 페이지를 읽었습니다. 도착을 알리는 기내 방송이 들리자 하루는 책을 덮고 안전벨트를 풀며 긴 여정의 끝을 준비했습니다. 비행기에서 내리자 익숙한 공기가 하루를 맞이했습니다. 공항에는 자신의 수하물을 찾기 위한 승객들의 긴 줄이 있었습니다. 하루는 줄 맨 끝으로 천천히 걸어갔습니다. 사람들은 언제 자신의 짐이 나올지 컨베이어 벨트의 안쪽만 뚫어져라 쳐다보고 있었습니다. 줄 끝에 선 하루는 멀리 보이는 공항 밖의 풍경을 바라봤습니다. 이제 저곳으로 나가면 하루의 이번 여정은 끝이 날 것입니다.

　하루는 길다면 길고 짧다면 짧은 이번 여정을 되새기기 위해 눈을 감았습니다. 그 순간 하루의 시공간은 경계가 허물어졌습니다. 여정 속 여러 가지 모습의 하루들이 그녀의 마음속에 모여들었습니다. 숲, 산, 들판, 강, 바다, 섬 등 날마다 달라지는 공간 속에서 하루도 매일 변화함을 느꼈습니다. 여정 속 그녀들은 모두 하루 본인이었지만 달라지는 감정들은 각각 타인의 모습과도 같았습니다. 꿈을 찾아 떠났던 하루, 실패를 두려워했던 하루, 누군가를 잃은 게 우울했던 하루, 새로운 친구를 만나 기뻤던 하루 등 여러 하루들이 지금 '공항 속 하루' 마음속에 공존하고 있었습니다. 동시에 '공항 속 하루' 역시 숲과 산과 들과 강과 바다에 서있었습니다.

　하루가 서있는 여러 시공간들은 점점 넓어져 하루의 인생 전체로 확장되었습니다. 그만큼 여러 시점의 하루들이 그녀의 마음속에 모였습니다. 수많은 하루들은 각각 복잡한 감정들을 갖고 있었습니다. 가장 미래에 서있던 '공항 속 하

XXI. THE WORLD

루'는 각각 하루들에게 위로 혹은 격려의 말을 전했습니다. 하루의 마음속 공간은 점점 커져 우주가 되었습니다. 하루는 우주에서 자신의 지구를 바라보며 1분 1초마다 달라지는 과거의 자신들을 어루만져 주었습니다. 각각의 시공간 속에 하루들은 미래의 하루가 주는 메시지를 어떤 때는 영감으로, 어떤 때는 정령의 모습으로, 어떤 때는 별자리를 통해 전해 들었습니다. 그렇게 하루의 세계는 점점 완성되어 가고 있었습니다.

   컨베이어 벨트 위로 하루와 여정을 함께 했던 빨간 캐리어가 모습을 드러냈습니다. 하루는 비행기에서 읽었던 책을 캐리어 안에 넣었습니다. 길었던 여정만큼이나 캐리어의 모습에는 여행 시작 때에 비해 여러 흔적이 남아있었습니다. 하루는 긴 여정을 통해 점점 성장하고 현명해졌음을 느꼈습니다. 캐리어를 끌고 하루는 당당한 발걸음으로 이번 여정의 끝자락인 공항 문을 향해 걸어갔습니다. 공항 문밖으로 나오면서 하루는 이번 여행의 완성을 자축했습니다. 하루 인생에서 영원히 기억에 남을 만한 여러 순간 중에 하나일 것입니다.

   택시 안에서 하루는 익숙한 도시의 공기를 느꼈습니다. 긴 시간 떠나있었어도 바로 익숙해지는 공기였습니다. 하루는 마음속으로 또 다른 여정을 준비하고 있었습니다. 내일부터는 하루에게 다른 일상이 펼쳐질 것입니다. 하루는 택시 창문을 통해 점점 어두워져 가는 하늘을 바라봤습니다. 몇 분 전에 하루가 날아왔던 그 하늘이었습니다. 완전히 어두워진 동쪽 하늘을 보니 마음속 우주가 생각났습니다. 여행 중에 봤던 어떤 밤하늘 보다 더 선명한 별들의 모습이 펼쳐졌습니다. 그리고 별자리들 사이로 자그마하게 움직이는 무언가가 보였습니다. [3]미르처럼 길고 빛을 내는 환상적인 모습에 [4]미리내 위를 헤엄치듯 움직였습니다.

3) 미르 : 용의 우리말
4) 미리내 : 은하수의 우리말

하루는 미래의 자신이 보낸 이야기에 귀를 기울였습니다. 하루의 마음속에 따스한 음성이 들려왔습니다.

- 스물두 가지의 하루 - end

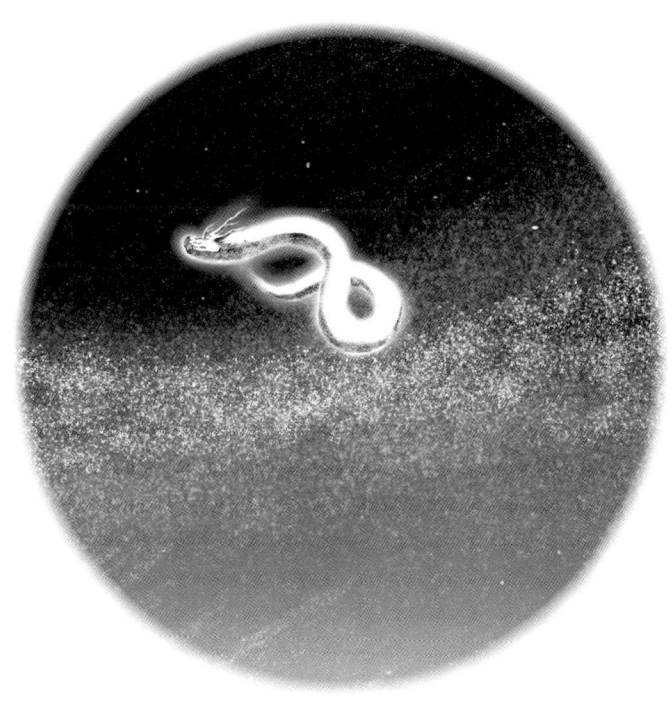

Carlyn's Description of Twenty Two Cards

Carlyn's book review

복잡한 사회 속에서, 또 얽히고설킨 인연 속에서 삶의 갈피를 제대로 못 잡을 때가 있죠.
어떤 게 과연 내 마음이었나, 내 선택이었을까, 내가 원하는 결과였을까... 헷갈릴 만큼.
그렇게 시간 속에 묻혀 살다 보면 금세 우리 본연의 모습을 잊고 사는 것에 익숙해지게 됩니다.
이 책은 그러한 독자들에게 과연 '떠나올 때, 우리가 진정 원했던 소망과 삶의 목적'이
무엇이었는지 되묻게 해줍니다.
이 책을 통해 여러분들이 그런 질문의 기회를 가져보시기를 소망합니다.
아마 <스물두 가지의 하루> 제작에 참여한 모든 분들이 그런 염원으로 책을 만들었을 겁니다.
순수한 사람의 마음, 경이롭고 놀라운 상상, 아름다운 회상의 기회를 여러분께 선물하고자 합니다.
그런 마음을 담기 위해 애쓰신 작가님께 깊은 감사를 드립니다.
그리고 모든 독자들께 사랑한다는 말을 남깁니다.

시작 | 여행 | 해외 | 결혼 | 변덕 | refresh | 무계획 | 순수

0. THE FOOL

바보는 그 무엇이라 정의할 수 없는 특별함을 뜻합니다. 소유하고 배우고 성취하며 목표를 향해 정진하는 것은 바보의 몫이 아닙니다. 복잡한 도시도 한적한 시골도 바보에게는 그저 잠시 머무는 어느 곳일 뿐 무엇도 중요하지 않습니다.

하루가 처음 여행지를 바꾸겠다고 했을 때, 여러분은 어떤 기분이 들었나요? 정말 바.보. 같다고 생각하지 않으셨어요? 때로 우린 바보 같은 선택을 할 때도 있습니다. 하지만 그 선택으로 인해 뜻밖의 세상을 만나기도 하죠. 예측을 벗어난 즉흥적인 선택을 통해서요...

자유로움은 바보만이 누릴 수 있는 특권입니다.

CARLYN'S TIP

당신의 자유와 행복을 기도해주는 친구를 잊지 마세요.

타고난 능력 | 임기응변술 | 능력자 | 가벼움 | 사기꾼 | 바람둥이 기질 | 말만 번지르르

I. THE MAGICIAN

다재다능한 능력은 신의 선물! 지·수·화·풍의 4원소를 다루는 재능 덕에 못 할 일이 없습니다. 중요한 것은 그 영리한 순발력을 어디에, 어떻게, 어느 정도로 쓰는가? 입니다. 흥미로움이 금방 익숙해지면 마법사는 금세 다른 것에 관심을 가지기 시작합니다. 새로움은 마치 풋과일과 같습니다.

만약 딱 한 가지 능력을 얻을 수 있다면, 여러분은 어떤 걸 선택하고 싶으세요? 투명인간 마법, 하늘을 날 수 있는 마법, 거짓말을 가려낼 줄 아는 마법... 정말 이런 마법이 있다면 쉽게 성공을 쟁취할 수 있을지 모르겠어요. 하지만 삶의 진정한 가치를 깨닫기 원한다면 '포기하지 않는 굳은 마음'이 필요할지도 모르겠어요. 포기하지 않는 정신, 그것보다 더 큰 힘은 없을 테니까요.

끊임없이 새로움을 전달하는 메신저 역할은 마법사에게 주어진 가장 큰 재능입니다.

CARLYN'S TIP

호기심에 노력과 끈기를 더한다면 당신의 재능은 더 크게 빛을 발할 수 있습니다.

통찰 | 직관력 | 신념 | 흑백 논리 | 모순 | 미련 | 숨은 장벽

II. THE HIGH PRIESTESS

   내가 알고 있는 것이 맞을까? 내 자신까지 의심하게 됩니다. 하지만 거부할 순 없죠. 그건 우주의 목소리니까요. 막연히 느껴지고 있지만 점점 커지는 확신으로 인해 내면 깊은 곳에 머물러 있습니다. 그럴 때 나를 대변해줄 수 있는 건 신의 뜻이 깃들어 있는 책입니다. 책을 펴고 신의 뜻을 헤아려 보세요.

   본문 속 지연이처럼 살아가다 보면 생각지 않게 친구를 사귀게 될 때가 있어요. 여러분은 어떤 친구를 원하세요? 하루와 같이 다양한 능력과 카리스마가 있는 친구라면 정말 좋겠죠? 세상에 둘도 없는 특별한 친구일 테니까요. 그렇지만 친구 사이를 정말 끈끈하고 특별하게 만들어주는 건 어쩌면 두 사람만 알고 있는 비밀인지도 모르겠어요. 다른 사람은 결코 알 수 없는 비밀...

   때로 여사제가 귀를 닫고 타인과 소통할 수 없는 것은 신의 시간 안에 머물러 있기 때문입니다.

CARLYN'S TIP

때로는 두 귀를 열어 세상의 목소리도 들어 보세요.
당신이 속한 세상에도 흥미로운 것들이 많답니다.

풍요 | 권위 | 카리스마 | 사치 | 화려함 | 이기적 | 모성애 | 바람

III. THE EMPRESS

나는 내가 좋아하는 것을 원해요! 고리타분하고 번거로운 것은 내게 불편한 감정을 느끼게 하죠. 휴식과 안정은 우리를 건강하고 행복하게 해줘요 어린아이를 돌보듯 나는 나를 사랑하고 내 사람들과 즐겁게 지내고자 원할 뿐이죠.

하루는 정말 씩씩하고 리더십이 있는 친구죠? 어디서나 당당하고 또 뭐든 잘 해내는 그런 사람. 하지만 모든 인간은 결국 엄마 앞에 서 있는 어린아이랍니다. 그래서 하루도 대지의 품속에서 엄마의 따스함과 형용할 수 없는 모성의 힘을 느꼈는지 몰라요. 이 세상에서 엄마를 그리워하지 않는 사람은 없어요. 그런 마음으로 주위 사람들을 돌봐주세요. 그들이 당신을 섬길 거예요.

어느 곳에서건 호스트 역할을 하는 주인공 여황제, 즐겁고 명랑한 태도로 사람들의 오감을 만족시켜주는 분위기 메이커입니다.

CARLYN'S TIP

즐거움과 휴식이 쾌락과 게으름으로 변질되지만 않는다면
원하는대로 사셔도 좋습니다.

의지 | 보수적 | 마이웨이 | 고집 | 자존심 | 책임감 | 냉정 | 조직적 사고

IV. THE EMPEROR

원했던 원하지 않았던 간에 왕관을 쓴 자는 그 무게를 견뎌야 하지요. 소유를 한다는 것은 보호하고 통제하고 지켜내야 할 것이 있다는 것임을 나타냅니다. 그러니 책임자는 섣불리 웃지도 울지도 심지어는 지극히 개인적인 시간에도 긴장을 늦출 수 없습니다.

본문 속 하루에게서 어쩐지 쓸쓸함이 느껴지네요... 그래요, 세상 모두가 자기 자신만의 아픔과 상실을 간직한 채 살아가고 있어요. 그건 지위나 빈부와는 상관없는 거죠. 황제라도 슬퍼할 수 있답니다. 그러니 힘이 들 땐 울어도 좋아요. 당신은 충분히 잘하고 있어요.

자신 울타리 안의 존재들을 지키기 위해 잠을 줄이는 것이 황제에겐 자부심입니다.

CARLYN'S TIP

때로는 왕관과 가운을 벗고 본연의 모습으로 존재해보세요.

이해 | 중재 | 포용 | 귀인 | 큰조직 | 공무원 | 결혼 | 전통적사고

V. THE HIEROPHANT

하늘의 사랑은 모든 이에게 공평합니다. 좋은 마음으로 선한 영향력을 전달하기 위해 태어난 그는 때로 불타는 사명감에 젖기도 하지만 대부분은 한발 뒤로 물러서서 소외된 것들을 살펴보고 또 많은 이야기에 귀를 기울입니다. 그는 탁월한 이야기꾼입니다.

조언을 통해 누군가를 도울 수 있다는 것, 정말 멋진 일이지 않나요? 하루처럼 체스까지 잘 둘 수 있다면 금상첨화겠죠. 하지만 누군가를 돕기 위해서는 먼저 그들의 이야기를 들어야만 해요. 먼저 귀를 열어보세요. 사람들이 당신의 열린 귀를 향해 묻지 않아도 새처럼 지저귈 거예요.

교황이 제공하는 다양한 조언을 통해 많은 이들이 자신의 시야를 넓혀갑니다.

CARLYN'S TIP

사람들이 당신의 의도를 오해하지 않도록 옹졸한 마음이 일어나는 걸 조심하세요!

사랑 | 순수 | 신뢰 | 결합 | 질투 | 파벌

VI. THE LOVERS

    조건 없이 누군가를 좋아하게 될 때 우리는 자신 깊은 곳에서 뜨거운 씨앗과 같은 것이 움틀대는 것을 느끼게 됩니다. 혼자서는 느낄 수 없는 화학적 반응 그것은 비단 남녀의 사랑만을 이야기하지 않습니다. 가족, 이웃, 동료 등 사랑을 기반으로 하는 모든 이들 사이에서 나타날 수 있는 에너지죠. 때로 사소한 취향과 습관 차이로 다툼도 일어나겠지만 기쁨도 함께 할 수 있습니다.

    하루처럼 오래오래 기억에 남는 추억의 누군가가 있나요? 너무 바쁜 일상 때문에 미처 생각지 못하고 살아왔는지도 모르겠어요. 어쩌면 당신을 기억하는 누군가도 지금의 여러분처럼 추억의 그날들을 떠올리고 있을지 모르겠어요. 그러니 일상이 힘들어도 우리 모두 예쁜 사랑을 키워나가요.

    사랑은 인간의 내면을 풍부하게 만들어 줍니다.

CARLYN'S TIP

순수하고 서툰 마음은 여러 감정을 감당하기 힘든 게 당연합니다.
사랑의 아픔과 기쁨이 그 감정을 단련시켜줄 수 있습니다.

열정 | 목표 | 추진력 | 중도 포기 | 좁은 안목

VII. THE CHARIOT

평화로움이 지속될 즈음 누군가는 특별함을 갈망하게 됩니다. '더 높고 더 발전된 무엇이 있지 않을까?' 하는 의구심이 듭니다. 전차는 인간의 다리로서는 낼 수 없는 속도를 내어 더 멀리 더 빠르게 우리를 낯선 곳으로 이동시켜주었고 한계를 뛰어넘는 도전은 계속됩니다.

하루처럼 너무 열심히 살다보면 때로 내가 어디에서 출발했는지조차 잊을 때가 있어요. 첫 입사 때의 굳은 결심 혹은 결혼을 앞두고 했던 맹세들 같은... 열심히 사는 건 중요하지만 그 삶의 이유를 잃지 않는 건 더 중요할 거예요.

더 멋지고 특별한 삶을 위해 두려움에도 불구하고 끊임없이 시도하는 것이 전차의 태도입니다.

CARLYN'S TIP

당신이 발전할 수 있었던 건 공농의 노력이 바탕됐기 때문이라는 걸 잊지 마세요!

리더십 | 내공 | 온화함 | 내면의 지혜 | 답답 | 무한한 책임감

VIII. STRENGTH

위험과 모험에 도전한 자는 그 과정을 통해 어려움을 극복하는 지혜를 얻을 수 있습니다. 하지만 쉽지 않죠. 도저히 할 수 없을 것 같은 그 순간, 우리는 두려움에 떨고 있는 나약한 자신을 마주하게 됩니다. 하지만 낙담하지 마세요. 약함을 인정할 줄 아는 지혜야말로 진정한 강함입니다.

하루가 아이들을 순한 양처럼 만들듯이, 어떤 사람 앞에만 가면 자신의 거친 마음이 무장해제 되는 걸 느낀 적 있나요? 그저 빤히 바라보고만 있을 뿐인데도요... 이상하죠? 해님이 강한 바람을 이긴 것처럼 우리들 마음도 그런 것 같아요. 진정한 힘은 내면에서 나옵니다.

겁쟁이들이야말로 진정한 힘을 품고 있는 에너자이저들일 수 있습니다.

CARLYN'S TIP

미련과 오기는 당신의 힘을 엉뚱한 곳에 쓰게 할 것입니다.
지혜는 당신의 잠재력을 이끌어줄 수 있습니다.

성찰 | 전문가 | 연구 | 학식 | 고립 | 좁은 시야 | 지혜

IX. THE HERMIT

많은 경험을 통해 쌓은 지식과 노하우는 내공을 느끼게 해줍니다. 때로 주변에 그 내공의 가치를 무시하는 사람들이 존재하지만 이미 그저 깨우친 그는 침묵으로 응대하곤 합니다. 그것을 고집이라 비판하더라도 이미 그의 관심사에서 아득히 멀어져있습니다. 그는 자신의 분야에서 터득한 것들을 필요로 하는 사람에게만 집중하는 전문지식인입니다.

은둔자 성향의 사람에게는 자기만의 공간이 필요하기 마련이에요. 다락방을 좋아하는 하루처럼요. 여러분은 어떤 비밀 공간을 갖고 계신가요? 그 안에는 신기한 잡동사니, 빛바랜 옛 추억의 물건들…. 많은 것들이 감춰져 있겠죠? 하지만 그 곳에서 너무 오래 머물지는 마세요. 안락함에 취하면 답이 없답니다. 그러니 현실도 함께 사랑해 주세요.

인류를 위해 끊임없이 연구하는 이상주의자가 은둔자의 완성된 모습입니다.

CARLYN'S TIP

경험치 없이 고집만 내세우게 된다면 그저 외톨이를 자처하는 똥고집쟁이가 돼 버릴 수 있습니다.

순환 | 쳇바퀴 | 재회 | 해외 이동 | 변동

X. WHEEL OF FORTUNE

인생의 흐름에는 일정한 규칙이 있습니다. 그 규칙을 이해하기위해서는 우리는 시간이 주는 여러 가지 숙제를 이해해 볼 필요가 있습니다. 지금 당신이 슬프다면 앞으로 기뻐지기 위함이고 당신이 지금 아픔에 괴로워하고 있다면 건강해지기 위한 과정이라고 생각해 보세요. 그 삶의 변화를 이해할 수만 있다면 행운은 결코 당신을 외면하지 않을 거예요.

하루처럼 낙담한 적 있으세요? 꽤 오래 준비한 공모전에 낙선한 하루처럼요... 그럴 때 운명이 나한테만 가혹한 것 아닌가, 하는 생각이 들 때도 있을 거예요. 그렇지만 잊지 마세요. 우리들은 모두 저마다의 시간계를 갖고 있답니다. 각자의 타임에 맞춰 돌아가는 운명의 수레바퀴를 믿어보세요. 당신에게도 곧 기회가 찾아올 테니까.

최고점에 있을 때도 최저점에 있을 때도 변화와 행운이 바로 곁에 있음을 잊지 마세요!

CARLYN'S TIP

지금 당신이 하고 있는 일과 행동과 말이 일상이며
그것이 당신의 운을 결정합니다.

공정 | 이성적 판단 | 냉정 | 법적 이슈 | 정리 | 양자택일

XI. JUSTICE

타로에서 정의의 뜻은 진리에 맞는 올바른 도리를 말합니다. 특히 개인 간의 공평이나 공의 또는 사회를 구성하고 유지하기 위한 공정함을 뜻할 때가 많죠. 정의가 실현되기 위해서는 먼저 올바른 규칙이 정립되어야 함을 누구나 알고 있습니다. 더불어 기준을 정하기 위해서는 냉정한 검증이 필요하죠. 그리고 그 기준을 실현시킬 자격을 갖춘 집행자를 선정해야 합니다.

정의에도 상대적인 기준이 작용할까요? 왜 그럴 때 있죠. 맞는지 틀린지 선뜻 대답하기 애매한 문제들… 그런 일들이 우리 삶에 종종 벌어지면 참 난감하기도 하고 어쩐지 손해 본 듯한 기분도 들고 그래요. 여러분은 자신만의 명쾌한 '정의의 저울'을 갖고 계신가요? 참, 때로 단호한 원칙이 필요하다는 것도 잊지 마세요!

상식적이고 당연한 것을 말할 수 있는 당당함이 공정함을 지키는데 도움을 줄 수 있습니다.

CARLYN'S TIP

옳고 그름을 판단하기 위해서는 사리를 따질 줄 아는 분별력이 있어야 합니다.
분별력은 일련의 테스트를 통해 성장시킬 수 있습니다.

개성 | 자신만의 신념 | 고집불통 | 융통성 없음 | 강한 책임감 | 소통 불가

XII. THE HANGED MAN

모든 것이 짜여진 듯 흘러갈 때 누군가는 너무나 당연한 것에 의문을 품곤합니다. "꼭 그래야만 되는 거야?" 모두가 Yes! 라고 하지만 그게 꼭 맞는 건 아닌 거 같은데? 라는 의문을 품고 다른 시선으로 문제를 바라보고 아이디어를 내는 이들이 있습니다.

하루와 미영이가 얘기한 검은 새, 살면서 그런 신기한 걸 본 적이 있으세요? 마치 현실에서는 없을 것만 같은 그런... 우리 주변에 그런 친구들이 있답니다. 한 번 다가가 보세요. 색다른 개성이란 건 정말 멋진 일이니까요. 그리고 자신만의 길을 가는 것 또한 두려워하지 마세요!

죽었다고 모두가 외면한 나무에서 새싹을 발견한 이는 조용한 관찰자 거꾸로 매달린 사람입니다.

CARLYN'S TIP

차갑고 냉정한 세상에 지쳤을 땐 자신만의 공간에 들어가 쉼을 요청해보셔도 좋습니다.
조심할 건 피해의식 혹은 의존적 성향입니다.

도약 | 죽음 | 변화 | 운명 | 종결 | 이별 | 퇴사 | 취업

XIII. DEATH

잠재된 능력을 발휘할 시간입니다. 1만 시간을 절실하게 몰입하면 당신은 초능력을 발견하게 될지도 모릅니다. 세상에는 보이는 것들 이외에도 많은 것들이 숨겨져 있습니다. 죽음을 선고 받은 뒤 모든 마음을 내려놓고 초연을 경험한 자들이 지독한 병을 극복하고 완치가 되었다는 이야기를 한 번씩 들은 경험이 있을 것입니다.

일상을 열심히 살아간다고는 하지만 정작 일상에 매몰되다보면 그 평범한 날들의 소중함을 오히려 잊게 될 때가 있어요. 본질로의 회귀, 그때 우리들은 한 번씩 죽음과 부활을 통해 다시 성장하는 것 같아요. 힘이 들 때는 생각해보세요. 영원한 죽음이 아니라 삶의 나이테를 만들고 있는 중이라고...

그동안 쌓아왔던 불필요한 것들을 적극적으로 거둬내고 긴 호흡을 해보세요. 죽음은 시작의 다른 이름입니다.

CARLYN'S TIP

초월적 힘에 연연해 하지 마세요. 일상을 살아내는 것이야말로 최고의 초능력임을 잊지 마세요.

신중 | 절제 | 이동수 | 주어진 선택권 | 고민

XIV. TEMPERANCE

당연한 것들이 실행되지 않고 지체 될 때 초조해지고 조급해지는 것은 누구에게나 자연스러운 일입니다. 그러함에도 기다릴 줄 아는 여유를 내어본다면 생각지 않게 더 괜찮은 결과를 얻을 수도 있습니다. 작은 강줄기가 흘러 큰 바다로 나아가듯 절제는 인내의 시간 속에서 성공을 향해 나아갑니다.

모든 일에는 기다림이 필요한 것 같아요. 사랑도 마찬가지죠. 아무리 좋아한다 해도 상대의 템포에 맞춰주는 배려심이 없다면 상대가 힘들어할 수도 있어요. 개인마다 저마다의 '기준'을 갖고 있으니까요. 그러니 우리 그 기준을 서로 확인하기 전까지는 절제의 미덕을 잊지 말기로 해요.

열매는 이미 맺혔답니다. 그러나 더 크고 달콤한 열매를 얻기 위해서는 기다림이 필요하죠. 때로 기다림도 행복입니다.

CARLYN'S TIP

진척이 더딘 것에 답답해하는 건 당연한 일이에요.
하지만 이 기다림이 더 좋은 결과를 가져올 수 있다는 걸 잊지 마세요.

해방 | 강한 욕구 | 본능 추구 | 쾌락 | 불륜 | 횡재 | 집착 | 질긴 인연

XV. THE DEVIL

　우리가 누리는 많은 것들이 우리 삶을 편리하고 또 즐겁게 하지만 때로 우리를 위태롭게 만들기도 합니다. 점점 더 강한 자극을 원하게 되는 문명의 이기와 그것들을 차지하기 위한 경쟁... 그리고 익숙해질 틈도 없이 더 새로운 것들이 우리들의 눈과 귀를 둔하게 하고 더 큰 것을 원하게 만듭니다.

　살다보면 꼬일 대로 꼬일 때가 있죠. 그리고 그 엉킨 실타래를 풀어가다 보면 시작은 자기 자신일 때가 있어요. '정말, 내가?...' 무언가에 중독된다는 것, 대상의 문제이기도 하지만 결국은 마음을 빼앗긴 내 자신에게 원인이 있을 때가 많지 않나요? 하지만 우리 자신에게 그 실을 끊을 수 있는 가위가 들려 있단 사실을 잊지 마세요.

CARLYN'S TIP

한 번쯤 자신을 즐겁게 해주는 것이 오히려 스스로를 지치게 만드는 것은 아닌지 체크해볼 필요도 있습니다.

반성 | 운명 | 느닷없는 사건 | 거부할 수 없는 이성의 등장 | 예상치 못한 변화 | 불행 | 행운 | 대전환점

XVI. THE TOWER

    사소한 실수들은 괜찮겠거니 하고 넘겼던 적이 있을 수 있습니다. 하지만 그 사소한 실수가 큰 문제로 되돌아 올 때도 있어요. 건강, 일, 관계 등 모든 면을 객관적으로 다시 돌아본 뒤 실수를 찾는다면 망설이지 말고 인정해야 합니다. 어떤 이는 교통사고를 당해 얼결에 검진을 했다가 더 큰 병을 발견할 수 있어 오히려 전화위복이 되었답니다.

    정말 예기치 못한 일이 발생할 때가 있어요... 느닷없는 해고 혹은 사랑하는 이의 이별 통보. 내 뜻과는 상관없이 벌어지는 일들 말이에요. 그럴 때는 끝없이 추락하는 것만 같죠. 하지만 그 추락이 뜻밖의 풍경을 우리들에게 보여줄 때가 있답니다. 하루는 자신의 욕심 때문에 서낭당 돌탑을 무너뜨렸지만 다시 세우며 여태껏 알지 못한 것을 깨달았을지 모르겠어요.

    탑의 시간은 반전의 기회를 주는 행운을 주기도 합니다.

CARLYN'S TIP

자신을 믿고 살아가는 것도 좋지만 때로 뒤를 돌아보는 것도
현명한 삶의 태도입니다.

해방 | 강한 욕구 | 본능 추구 | 쾌락 | 불륜 | 횡재 | 집착 | 질긴 인연

XVII. THE STAR

    희망의 메시지는 마음을 설레게 하고 또 혼신의 힘을 다할 수 있는 에너지를 주곤 합니다. 그런 메시지를 기다리고 있다고요? 순수한 힘의 원천 밤하늘의 별을 바라보세요. 당신의 머리 위에서 빛나고 있는 별, 언제라도 꿈꾸는 이들을 위해 길잡이를 해준답니다.

    when you wish upon a star… 별에 대고 빌었던 피노키오처럼 한 번쯤 소원을 품었던 적 있죠? 그때 그 별들이 하늘에서 내려와 우리들 사이에서 반짝일 때가 있답니다. 어쩌면 다른 누군가엔 당신이 그런 '별'일 수 있답니다.

    의도치 않은 상황에서도 최선을 다하는, 반짝반짝 아름다운 별그대.

CARLYN'S TIP

당신의 순수한 열정이 이용당할 수도 있습니다. 하지만 헛된 희망에
스스로 속은 것은 아닌지 가슴에 물어볼 필요도 있습니다.

변화 | 과거 | 무의식 | 감춰진 진실 | 불확실 | 불안 | 기다림 | 외국

XVIII. THE MOON

　과거는 지나갔고 아직 오지 않은 미래는 알 수 없습니다. 안개 같은 기억 저 너머에는 왠지 모를 서글픔과 아련함이 묻어있고 그 불투명함은 마치 우리가 태어나기 전 엄마의 뱃속에서 듣고 상상하던 그 느낌과 흡사할지도 모릅니다. 잉태한 여인은 뱃속의 아이를 지키기 위해 불안해하며 육안으로 보이지 않는 아기를 상상할 뿐이고 아기는 엄마의 탯줄에 의지해 바깥세상을 상상합니다.

　달은 그대로이지만 초승달, 반달, 보름달처럼 우리 눈에는 매번 달리 보이기도 하죠. 우리 인생도 그런 것 같아요. 그래서 연인과 헤어진 하루의 눈에는 연인과의 추억이 담겨 있는 도시가 힘이 들었겠죠. 하지만 불안해하지 마세요. 달이 언제나 원래의 모습으로 돌아오듯이 우리들의 일상도 그렇게 차오를 테니까.

　우리는 보이지 않는 세계를 상상하는 법을 먼저 배운 뒤, 현실 세상에 태어난 존재들입니다.

CARLYN'S TIP

불행한 상상도 행복한 상상도 그저 연기처럼 피어나는 무형의 것일 뿐
그것이 당신의 현실을 지배하지 않도록 해주세요!

순수 | 따뜻함 | 아이 같은 동심 | 미숙함 | 비현실적 사고 | 피터팬

XIX. THE SUN

해맑은 아이 같은 사람은 어려움 속에서도 밝음으로 그 위기를 넘길 수 있는 천진함을 간직하고 있습니다. 부정함을 몰라서도 아니고 솔직함이 손해가 된다는 걸 모르는 것도 아닙니다. 심각해지는 것이 싫어 유쾌하고 장난스럽게 문제를 해결하고자 합니다. 다만 그런 그들의 순진함은 누군가의 비밀을 탄로내기도 합니다.

미워하려해도 미워할 수 없는 사람들이 있죠? 하루처럼 언제나 밝고 순수한 마음으로 사람들을 미소 짓게 만드는 그런. 때로 어수룩해 보이기도 하고 본의 아니게 문제를 만들기도 하지만 도저히 미워할 수 없는 사람. 계산적인 사람들에 치여 살다보면 그런 친구가 한없이 그리워집니다.

아이처럼 순수한 이들은 민폐를 끼치기도 하지만 나쁜 의도가 없는 것을 알기에 미워할 수도 없습니다.

CARLYN'S TIP

태양이 높이 떠 있는 시간에는 모든 것이 밝을 것만 같지만
그 밝기만큼 어두운 그늘에 아픔이 감춰져 있을 수도 있습니다.

보상 | 하늘의 뜻 | 거스를 수 없는 결과 | 인과응보 | 승진 | 이직 | 임신 | 새로운 이성

XX. JUDGEMENT

    인생 전반에 있어 중요한 결과 혹은 과제를 알 필요가 있는 시간임을 알려줍니다. 심판카드의 영향력은 상당히 방대할 뿐만 아니라 미지의 존재의 개입이 있을 수 있다고 할 만큼 절대적이기도 하죠. 우주는 대리인을 통해 우리를 일깨워줍니다. 평소와 다른 행동을 하는 가족이 될 수도 있고 때로는 나에게 이유 없이 해를 입히거나 이유 없이 도움을 주는 이일 수도 있습니다.

    모든 걸 내려놓았을 때 얻게 되는 삶의 지혜는 우리의 마음을 평온하게 하죠. 조마조마한 마음으로 결과를 기다리던 하루도 결국 그걸 깨닫고 우주와 소통하고 있는 진정한 자아를 찾게 된 것 같아요... 때로 우리는 무기력함을 느끼기도 하지만 담담한 마음으로 받아들일 때 새로운 무언가를 얻게 되기도 하죠.

    원인 없는 결과가 없다는 것을 우주는 다양한 방법으로 우리에게 알려줍니다.

CARLYN'S TIP

알 수 없는 일이 일어났을 때 이 카드가 떠오른다면
우주가 무엇을 이야기하려 하는지 집중해보세요.

다시 시작 | 결론 | 매듭 | 결혼 | 종착지 | 한계 | 터닝포인트

XXI. THE WORLD

　삶의 시간이 쌓이게 되면 개인마다 자신만의 나이테가 켜켜이 형성됩니다. 어떤 인생은 나이테 간격이 고르고 일정한 모습일 수도 있을 테고 또 어떤 이들의 것은 들쑥날쑥 끊어져 있는 것처럼 보이기도 할 거예요. 그런 모습을 본다면 '도대체 어떻게 살았길래?' 하는 생각이 들 수도 있을 겁니다. 그러나 개개인이 완성해가는 삶은 다양하고 나름대로 다 소중합니다.

　완성에 대한 개념은 각자 다를 거예요. 내적인 것을 더 중시하는 사람도 있을 테고 겉으로 드러나는 걸 더 중요하게 생각하는 사람도 있겠죠. 하지만 중요한 건 원칙 같은 건 없다는 거죠. 다만 한 가지 확실한 건 뭐가 됐든 한 세계를 완성해야 다음으로 넘어갈 수 있다는 거예요!

　마음을 건강하고 단단하게 가꾸어 자신만의 정원, 자신만의 세계를 완성해 보세요. 당신 삶은 점점 아름다워 질 거예요.

CARLYN'S TIP

부족함까지도 자신의 일부로 인정할 수 있는 여유로움과 유연함을 지니고 있을 때 비로소 완벽해 질 수 있습니다.

APPENDIX – Rough Sketch

XII. The Hanged Man

XIV. Temperance

XIX. The Sun

VIII. Strength

XVII. The Star

APPENDIX – Rough Sketch

XVI. The Tower

XXI. The World

XV. The Devil

XVIII. The Moon

VII. The Chariot

APPENDIX - Rough Sketch

IX. The Hermit

XIII. Death

VI. The Lovers

XI. Justice

XX. Judgement

어른들을 위한 일러스트 페어리테일

스물두가지의 하루

초판 1쇄 인쇄 - 2023년 4월 00일
초판 1쇄 발행 - 2023년 4월 00일

글, 그림 사우스랜드 - southlandkiki@gmail.com
자문 타로마스터 Carlyn
편집인 김영석
디자인 87hyun
펴낸곳 도서출판 카논
경기도 김포시 김포한강8로 331, 202-1906
canonpublisher@gmail.com

ISBN : 979-11-979582-3-6 (03810)   가격: 22,000원
© 2023 도서출판 카논